Die Puppenspieler:

Wie IWF und Weltbank Ausbeutung als Entwicklungshilfe verkaufen

Alex Gladstein

Die Puppenspieler:

Wie IWF und Weltbank Ausbeutung als Entwicklungshilfe verkaufen

APRYCOT

Für die Opfer der Entwicklungshilfe – sie bekommen vielleicht nie die Gerechtigkeit, die ihnen zusteht, aber möglicherweise wird ihnen ein Ausweg geboten.

Offizielle Übersetzung des englischen Originaltitels:
Hidden Repression: How the IMF and World Bank Sell Exploitation as Development
von Alex Gladstein
Erstveröffentlichung durch: BTC Media, LLC, contact@btcmedia.org

ISBN 978-3-949098-37-6 (Print)
ISBN 978-3-949098-44-4 (eBook)

Übersetzung: Sascha Fröhlich
Korrektorat/Lektorat: Tanja Giese, Thomas Geier
Projektierung: Sascha Fröhlich, Thomas Geier, @GhostofBitBoxer
Cover Design & Layout: Michi Nussbaumer
Druck und Bindung: CPI books GmbH, Leck
Verlag: Aprycot Media, Rheinfelden

MIX
Papier | Fördert gute Waldnutzung
FSC® C083411
FSC www.fsc.org

1. Auflage 2024

Aprycot Media – Der Bitcoin Verlag – www.aprycot.media
Twitter & Instagram: @aprycotmedia

1 2 3 4 5 6 7 8 9 10

Inhalt

Vorwort

Was wäre wenn?

Was wäre, wenn du zu den wenigen gehörst, die von einem Wirtschaftssystem profitieren, dem Milliarden Menschen zum Opfer gefallen sind?

Es ist verlockend, die Realität zu ignorieren oder sich einzureden, dass man sowieso nichts dagegen tun kann, anstatt sich mit einer unangenehmen Wahrheit zu befassen.

Was wäre, wenn du zu den Milliarden gehörst?

Die Seite, auf der wir uns in der Gleichung befinden, hat einen bedeutenden Einfluss auf unsere Entscheidungen und deren Ergebnisse. Insbesondere wenn es darum geht, von einem globalen Wirtschaftssystem, das auf Geldmanipulation beruht, zu einem System ohne diese Möglichkeit zu wechseln.

Die Volkswirtschaften können ihre Schulden nicht mehr bezahlen. Die globale Verschuldung steigt schnell an und bewegt sich auf die Marke von 400 Billionen US-Dollar zu. Dies ist besonders im Globalen Süden der Fall. Die nicht finanzierten Verbindlichkeiten werden davon abgezogen. Die Ausweitung der Schulden ist unser Lebensstil. Um diesen halten zu können, ist es notwendig, dass die Schulden immer weiter ausgeweitet werden. Das bestehende System würde zusammenbrechen, wenn die technologisch bedingten Produktivitätsgewinne in Form von niedrigeren Preisen an die Gesellschaft weitergegeben würden.

Warum? Sinkende Preise durch fortschreitende Technologie führen zu immer höheren Schulden, die nicht zurückgezahlt werden können. Dies würde zu einer deflationären Depression führen, da die Gläubiger davon betroffen wären. Wenn aber das gesamte globale Währungssystem auf gleichen Schulden aufgebaut ist, können die Verantwortlichen einen Systemkollaps nicht zulassen.

Die Wahrheit ist, dass unsere Welt von Heuchelei beherrscht wird. Durch Geldmanipulation ermöglichen wir den Transfer von

Vermögen an Kreditgeber, die sonst scheitern würden. Die Kaufkraft unzähliger Menschen wird dadurch massiv geschwächt. Besorgniserregend ist, dass diejenigen, die von diesem unfairen Vermögenstransfer profitieren, Spitzenpositionen in den Bereichen Finanzen, Politik und Wirtschaft innehaben. Von dort aus beuten sie die Menschen in den Entwicklungsländern aus, während diese in einer endlosen Schleife des Elends gefangen sind. Menschen in finanzieller Not sind oft dazu geneigt, Kreditgeber als ihre Rettung zu betrachten. Dadurch erhöhen sie ihre Verschuldung, was zu einer noch größeren finanziellen Belastung und letztendlich Armut führen kann.

In einer produktiven Gesellschaft erscheint es oft einfacher, an die Notwendigkeit von Inflation (oder Geldmanipulation) zu glauben. Es ist herausfordernd, systemische Probleme im eigenen System zu erkennen. Diese Lüge ist so weit in der Gesellschaft verbreitet, dass wir sie glauben. Wir fragen nicht, wer bei diesem globalen Raub der Kaufkraft gewinnt und wer verliert. Das Ergebnis ist so surreal, dass Menschen nun dazu gezwungen sind, zu spekulieren, um den Wert ihres Geldes zu erhalten. Es ist kein Wunder, dass unsere Welt so aussieht, wie sie aussieht, wenn wir die Ursachen nicht verstehen.

Aber diese Lüge hat Folgen, die mit der Zeit immer schlimmer werden. Um die wachsenden Schulden zu verbergen, müssen die Geldmanipulation und die Inflationsrate steigen. Die Auswirkungen sind enorm, was dazu führt, dass zahlreiche Menschen ein geringeres Einkommen haben oder ihre Ersparnisse verlieren. Da Geld den Gesetzen übergeordnet ist, führt dies zu weniger individuellen Rechten und Freiheiten, während mächtige Institutionen vom Geld profitieren. Das beschleunigt den Verfall der Gesellschaft. Warum ist das so? Weil sich die Gesetze im Laufe der Zeit ändern. Reiche Menschen können durch Geld politische Entscheidungen beeinflussen, Gerichtsverfahren gewinnen und Gesetze mittels Revolutionen außer Kraft setzen. Letztlich wird dem systemischen Problem nur ein neues Gesicht gegeben.

Die Rechtsstaatlichkeit schützt die Bürger nicht vor der Manipulation durch Geld. Sie schützt diejenigen, die den Akteuren der Manipulation am nächsten stehen.

Dies ist das Resultat eines Systems, das vorgibt, ein freier Markt zu sein, aber letztendlich auf Diebstahl basiert. Das führt zum Aufstieg von Diktatoren und zur modernen Sklaverei für einen Großteil der Weltbevölkerung. Milliarden von Menschen sind direkt betroffen.

Die Situation, dass so viele in einem korrupten System mit wenigen guten Optionen gefangen sind, scheint hoffnungslos zu sein. Aber ein neues Geldsystem entsteht von außen, um einen Übergang zu ermöglichen.

Bitcoin ist ein erlaubnisfreies, dezentrales und sicheres Protokoll, das auf Regeln basiert, die die Möglichkeit der Geldmanipulation beseitigen. Es gibt eine ermutigende Nachricht: Zum jetzigen Zeitpunkt ist Bitcoin wahrscheinlich unaufhaltsam. Dieses Netzwerk basiert auf den Werten Wahrheit, Hoffnung und Freiheit, im Gegensatz zu Lügen, Diebstahl und Zwang. Es könnte das alte System ersetzen. Eine wortwörtliche Brücke, die zur anderen Seite führt. Die Gesellschaft wandelt sich von einer Welt mit begrenzten Ressourcen zu einer Welt des Überflusses. Aufgrund der starken Netzwerkeffekte profitiert das neue System enorm. Des Weiteren wird mit jedem neuen Nutzer des Systems mehr Wert für alle Beteiligten geschaffen.

Wenn du Alex' brillante Abhandlung liest, wirst du die große Wirtschaftslüge verstehen: Die Mächtigen helfen den Schwachen. Anschließend musst du eine wichtige Wahl treffen.

Für welches System entscheidest du dich?

Denke daran, dass wir alle für die Welt verantwortlich sind, die wir sehen wollen.

Wähle weise.

Jeff Booth
Autor, Der Preis der Zukunft, und Komplementär,
Ego Death Capital

Anmerkung des Autors

Das Schreiben dieses Buches war eine kräftezehrende Reise. *Die Puppenspieler* führte mich vom Schock über Unglauben und Scham hin zu Optimismus für eine bessere Zukunft.

Ich habe schon Kritik am IWF gehört, insbesondere an seiner Rolle im Globalen Süden. Ich habe auch gehört, dass viele über die Weltbank als eine notwendige, aber fehlerhafte Institution sprachen.

Ich war aber völlig unvorbereitet auf das, was ich zu Tage gefördert habe.

Es ist eine Sache, wenn globale Institutionen korrupt sind und versuchen, den Armen zu helfen, aber auf dem Weg dorthin scheitern. Eine ganz andere Sache ist es, wenn die Absicht dieser Institutionen darin besteht, von den Schwachen zu nehmen und den Starken zu geben.

Man hat uns die Lüge verkauft, dass die Entwicklung den armen Ländern helfen soll. In der Praxis war „Entwicklung" in den letzten 50 Jahren neokolonial: die Plünderung von Ressourcen in Höhe von Billionen von US-Dollar aus dem Globalen Süden für den Globalen Norden. In den Entwicklungsländern werden niedrige Löhne gezahlt, um Inflation und Wirtschaftskrisen im Westen zu vermeiden.

Die schmerzhafte Wahrheit bleibt bestehen. Die US-Regierung erhöht die Zinsen schnell, um die Inflation zu bekämpfen. Viele Volkswirtschaften im Globalen Süden brechen dadurch zusammen. Aufgrund der Entscheidungen der Federal Reserve beginnt zum Zeitpunkt der Veröffentlichung dieses Buches das westliche Finanzsystem zu zerfallen. Was die Medien vermeiden zu erwähnen, ist, dass diese Entscheidungen bereits die Finanzsysteme zerstört haben, auf die sich Hunderte von Millionen Menschen in Entwicklungsländern und Diktaturen verlassen.

Als jemand, der seine Karriere damit verbracht hat, für die klassischen westlichen Werte der Freiheit und der Menschenrechte zu kämpfen, hat mich dieses Buch zwei Dinge gelehrt. Erstens sind diese Werte wichtiger als je zuvor und für den künftigen Erfolg der Menschheit unerlässlich. Zweitens ist der Preis für die Sicherung dieser Freiheiten im Westen der Entzug dieser Freiheiten für Menschen in anderen Ländern.

Beim Schreiben dieses Buches habe ich mir eine unbequeme Frage gestellt: Beruht der demokratische Kapitalismus auf Ausbeutung? Wir haben nur eine Version der Geschichte, in der der Erfolg des Westens auf Kosten von anderen voranschreitet.

Es hat mich auch darüber nachdenken lassen, was die Ursache für diese Misere ist. Ich bin mittlerweile fest davon überzeugt, dass das Fiat-Währungssystem maßgeblich beteiligt ist. Das wird deutlich, wenn wir die Explosion der Schulden der Dritten Welt nach 1971 sehen.

Satoshi Nakamoto hat mit der Schaffung von Bitcoin viele Dinge in Bewegung gesetzt. Eines davon ist eine mögliche zukünftige Welt, in der keine Regierung die Leitwährung manipulieren kann. Keine Weltmacht kann einfach Geld drucken, um Diktatoren straffrei davonkommen zu lassen. Das wäre eine Verbesserung, auch für diejenigen unter uns, die von diesem System profitieren.

Meines Erachtens sind die wichtigsten Grundwerte der westlichen Zivilisation: Meinungsfreiheit, unabhängige Medien, Privatsphäre, Gewaltenteilung, Zivilgesellschaft, Privateigentum, offene Märkte und Herrschaft des Volkes. Das Problem besteht darin, dass wir diese Werte in unserem Land verraten haben, aber noch viel heftiger im Ausland. Dieser Verrat, unter dem unsere Opfer am meisten leiden müssen, korrumpiert, verwundet und beeinträchtigt uns auch zu Hause.

Ich hoffe, dass du mich auf meiner Reise begleiten kannst, während du dieses Buch liest. Lass uns gemeinsam mit Demut über die Geschichte nachdenken und versuchen, zu verstehen, warum manche Nationen erfolgreich waren, während andere leiden mussten. Ich hoffe, dass du dich mir und einer wachsenden weltweiten Bewegung von Millionen von Menschen anschließen kannst, um eine Welt aufzubauen, die auf Zusammenarbeit basiert und nicht auf Ausbeutung.

Alex Gladstein
März 2023

Kapitel I

Die Garnelen-Felder

„Alles ist weg."
- Kolyani Mondal

Vor zweiundfünfzig Jahren tötet der Zyklon Bhola schätzungsweise eine Million Menschen an der Küste Bangladeschs.[1] Er ist der tödlichste tropische Zyklon, der jemals aufgezeichnet wurde.[2] Die extremen Risiken von Stürmen waren den lokalen und internationalen Behörden bekannt. In den 1960er-Jahren wurden Deiche gebaut, um die Küste zu schützen und Landwirtschaftsflächen zu erweitern.[3] Doch in den 1980er-Jahren, nach der Ermordung des Unabhängigkeitsführers Sheikh Mujibur Rahman, drängte das Ausland ein neues autokratisches Regime in Bangladesch zu einem Kurswechsel. Die Sicherheit der Menschenleben, besonders der Schutz vor Stürmen, wurde vernachlässigt, um den Export anzukurbeln und die Schulden zurückzuzahlen.

Anstatt die lokalen Mangrovenwälder zu stärken, die ein Drittel der Bevölkerung in Küstennähe auf natürliche Weise schützten,[4] oder in den Anbau von Nahrungsmitteln zu investieren, um die schnell wachsende Nation zu ernähren, nahm die Regierung Kredite von der Weltbank[5] und dem Internationalen Währungsfonds (IWF)[6] auf, um die Garnelenzucht auszuweiten. Ein Netzwerk wohlhabender Eliten, das eng mit dem Regime verbunden war, lenkte den Prozess der Aquakultur, bei dem die Bauern zur Aufnahme von Krediten gedrängt wurden, um ihre Betriebe „zu verbessern". Sie mussten Löcher in die Deiche bohren, die ihr Land vor dem Meer schützten, und ihre einst blühenden Felder mit Salzwasser überfluten.[7] Anschließend holten sie in mühsamer Handarbeit junge Garnelen aus dem Meer, schleppten sie zurück in ihre stehenden Teiche und verkauften die ausgewachsenen Garnelen an die Garnelenbarone vor Ort.

Mit finanzieller Unterstützung der Weltbank und des IWF wurden unzählige Farmen sowie ihre umgebenden Feuchtgebiete und Mangrovenwälder zu Garnelenteichen, den sogenannten *Ghers*, umgestaltet.[8] Die Region des Gangesdeltas ist ein unglaublich fruchtbarer Ort. Das Delta beherbergt auch die Sundarbans, den größten Mangrovenwald der Welt.[9] Doch als Folge der kommerziellen Garnelenzucht, die zum wichtigsten Wirtschaftszweig der Region geworden ist, wurden 45 % der Mangroven abgeholzt. Das hat zur Folge, dass Millionen von Menschen den zehn Meter hohen Wellen ausgesetzt sind, die bei starken Zyklonen gegen die Küste schlagen können.[10] Ackerland und das Leben in den Flüssen wurden durch den übermäßigen Salzgehalt, der aus dem Meer eindringt, langsam zerstört. Ganze Wälder sind verschwunden,[11] da die Garnelenzucht einen Großteil der Vegetation in dem Gebiet vernichtet hat und „dieses einst fruchtbare Land in eine Wasserwüste verwandelt".[12]

Quelle: Al Helal/REACH

Eine Farm in der Provinz Khulna in Bangladesch, die geflutet wurde, um Garnelenfelder anzulegen.

Die Garnelenbarone[13] jedoch haben ein Vermögen gemacht und Garnelen (bekannt als „weißes Gold") sind zum zweitgrößten Exportgut des Landes geworden.[14] Im Jahr 2014 arbeiteten mehr als 1,2 Millionen Bangladescher in der Garnelenindustrie, von der indirekt 4,8 Millionen Menschen abhängig sind, etwa die Hälfte der armen Küstenbewohner.[15] Die Garnelensammler, die den härtesten Job haben, machen 50 % der Arbeitskräfte aus, erhalten jedoch nur 6 % des Gewinns.[16] 30 % dieser Arbeitskräfte sind Mädchen und Jungen, die für weniger als 1 US-Dollar pro Tag bis zu neun Stunden am Tag im Salzwasser arbeiten, wofür viele von ihnen die Schule abbrechen und Analphabeten bleiben. Es fanden Proteste gegen die Ausweitung der Garnelenzucht statt, welche jedoch gewaltsam niedergeschlagen wurden. Bei einem der bekanntesten Fälle wurde ein Protestmarsch von Garnelenbaronen und ihren Schlägern mit Sprengstoff angegriffen. Eine Frau namens Kuranamoyee Sardar wurde durch die Explosion enthauptet.[17]

Ein Forschungsbericht aus dem Jahr 2007 untersuchte 102 Garnelenfarmen in Bangladesch und fand heraus, dass bei Produktionskosten von 1.084 US-Dollar pro Hektar das Nettoeinkommen bei 689 US-Dollar lag.[18] Die exportorientierten Gewinne des Landes gingen auf Kosten der Garnelenarbeiter, denen die Löhne gekürzt wurden und deren Lebensraum zerstört wurde.

In einem Bericht der Environmental Justice Foundation sagte eine Küstenlandwirtin namens Kolyani Mondal, dass sie „früher Reis anbaute, sowie Vieh und Geflügel hielt". Nachdem ihr aber die Garnelenzucht aufgezwungen wurde, „erkrankten ihre Rinder und Ziegen an einer Durchfallerkrankung und starben zusammen mit ihren Hühnern und Enten".[19]

Jetzt sind ihre Felder mit Salzwasser überflutet. Was übrig bleibt, ist kaum noch produktiv. Vor Jahren konnte ihre Familie noch „18–19 *mon* Reis pro Hektar" ernten, jetzt ist es nur noch einer. Sie erinnert sich an den Beginn der Garnelenzucht in ihrem Gebiet, in den 1980er-Jahren, als den Dorfbewohnern ein höheres Einkommen sowie viele Nahrungsmittel und Feldfrüchte versprochen wurden. Jetzt ist „alles weg". Die Garnelenzüchter, die ihr Land nutzen, versprachen ihr, 140 US-Dollar pro Jahr zu zahlen. Sie sagt, das Beste, was sie bekommt, sind „gelegentliche Raten von 8 US-Dollar hier oder da". „Früher", sagt sie, „hat die Familie das meiste, was sie brauchte, von ihrem Land bekommen. Jetzt gibt es keine Alternativen mehr, außer auf den Markt zu gehen, um Lebensmittel zu kaufen."

In Bangladesch ließen Milliarden US-Dollar an „Strukturanpassungs"-Darlehen der Weltbank und des IWF die nationalen Garnelengewinne von 2,9 Millionen US-Dollar im Jahr 1973 auf 90

Millionen US-Dollar im Jahr 1986 und 590 Millionen US-Dollar im Jahr 2012 ansteigen.[20] Die „Strukturanpassungs"-Darlehen sind benannt nach der Art und Weise, wie sie die kreditnehmenden Länder zwingen, ihre Wirtschaft so zu verändern, dass Exporte auf Kosten des Konsums begünstigt werden. Wie bei den meisten Entwicklungsländern wurden die Einnahmen dazu verwendet, Auslandsschulden zu bedienen, militärische Anlagen auszubauen und die Taschen der Regierungsbeamten zu füllen. Die Garnelensklaven sind dabei verarmt: Sie sind weniger frei, abhängiger und weniger in der Lage, sich selbst zu ernähren, als zuvor. Zu allem Überfluss zeigen Studien, dass „Dörfer, die durch Mangrovenwälder vor der Sturmflut geschützt sind, deutlich weniger Todesfälle zu beklagen haben" als Dörfer, in denen der Schutz entfernt oder beschädigt wurde.[21]

Auf öffentlichen Druck hin bewilligte die Weltbank Bangladesch 2013 ein Darlehen in Höhe von 400 Millionen US-Dollar, um die ökologischen Schäden zu beheben.[22] Mit anderen Worten: Die Weltbank erhält eine Gebühr in Form von Zinsen für den Versuch, das Problem zu beheben, das sie überhaupt erst geschaffen hat. In der Zwischenzeit hat die Weltbank Ländern von Ecuador[23] über Marokko[24] bis Indien[25] Milliarden geliehen, um die traditionelle Landwirtschaft durch Garnelenproduktion zu ersetzen.

Die Weltbank behauptet, Bangladesch sei „eine bemerkenswerte Geschichte der Armutsbekämpfung und Entwicklung".[26] Auf dem Papier wird der Sieg verkündet. Denn Länder wie Bangladesch neigen dazu, im Laufe der Zeit ein Wirtschaftswachstum zu verzeichnen, da ihre Exporte steigen, um ihre Importe zu decken. Doch die Exporteinnahmen fließen hauptsächlich an die herrschende Elite und die internationalen Gläubiger. Nach zehn Strukturanpassungen[27] ist der Schuldenberg Bangladeschs exponentiell gewachsen – von 145 Millionen US-Dollar im Jahr 1972[28] auf ein Allzeithoch von 95,9 Milliarden US-Dollar im Jahr 2022.[29] Das Land sieht sich mit einer weiteren Zahlungsbilanzkrise konfrontiert und stimmte im November 2022 der Aufnahme des elften Kredits des IWF zu. Diesmal ein Rettungspaket in Höhe von 4,5 Milliarden US-Dollar, das im Gegenzug für weitere Anpassungen gewährt wird.[30] Die Weltbank und der IWF geben vor, armen Ländern helfen zu wollen. Das eindeutige Ergebnis nach mehr als fünfzig Jahren dieser Politik ist jedoch, dass Nationen wie Bangladesch abhängiger und verschuldeter sind als je zuvor.

In den 1990er-Jahren, im Zuge der Schuldenkrise der Dritten Welt, wurde die Weltbank und der IWF von der Weltöffentlichkeit verstärkt unter die Lupe genommen: kritische Studien, Straßenproteste und eine weit verbreitete, parteiübergreifende Überzeugung (sogar in den Hallen des US-Kongresses), dass diese Institutionen verschwenderisch bis zerstörerisch sind.[31] Doch diese Einstellung und dieser Fokus sind weitgehend verblasst. Heute gelingt es der Weltbank und dem IWF, in der Presse nicht aufzufallen. Wenn sie doch zur Sprache kommen, werden sie als zunehmend irrelevant abgeschrieben, als problematisch, aber notwendig akzeptiert oder sogar als hilfreich begrüßt.

In Wirklichkeit haben diese Organisationen Millionen von Menschen verarmt und gefährdet, Diktatoren und Kleptokraten bereichert. Des Weiteren werden Menschenrechte beiseitegeschoben, um einen milliardenschweren Strom von Nahrungsmitteln, natürlichen Ressourcen und billigen Arbeitskräften aus armen Ländern in reiche Länder zu schaffen. Ihr Verhalten in Ländern wie Bangladesch ist kein Fehler und keine Ausnahme. Ausbeutung als „Entwicklung“ zu verkaufen, ist ihre Art, Geschäfte zu machen.

Kapitel II

Im Inneren der Weltbank und des IWF

„Lasst uns daran erinnern, dass der Hauptzweck der Hilfe nicht darin besteht, anderen Nationen zu helfen, sondern uns selbst.“
- Richard Nixon

Der IWF ist der internationale Kreditgeber der letzten Instanz. Die Weltbank ist die größte Entwicklungsbank der Welt.[32] Ihre Arbeit erfolgt im Auftrag ihrer Hauptgläubiger, die in der Vergangenheit die Vereinigten Staaten, das Vereinigte Königreich, Frankreich, Deutschland und Japan waren.[33]

Quelle: World Bank

Die Büros des IWF und der Weltbank in Washington, D. C.

Die Schwesterorganisationen mit Hauptsitz in Washington, D. C. wurden 1944 auf der Bretton-Woods-Konferenz in New Hampshire als zwei Säulen der neuen, von den USA geführten Weltwährungsordnung gegründet. Traditionell wird die Weltbank von einem Amerikaner und der IWF von einem Europäer geleitet.[34]

Der ursprüngliche Zweck der beiden Institutionen war es, den Wiederaufbau des vom Krieg zerstörten Europas und Japans zu unterstützen. Während sich die Weltbank auf spezifische Kredite für Entwicklungsprojekte konzentrierte, sollte der IWF Zahlungsbilanz-Probleme mithilfe von „Rettungspaketen“ lösen, um den Handel aufrechtzuerhalten, auch wenn sich die Länder keine weiteren Importe leisten konnten.

Die Staaten müssen dem IWF beitreten, um Zugang zu den „Vorteilen“ der Weltbank zu erhalten. Heute gibt es 190 Mitgliedsstaaten: Jeder hat beim Beitritt eine Kombination aus seiner eigenen Währung und einer „härteren Währung“ (in der Regel US-Dollar, europäische Währungen oder Gold) hinterlegt, um einen Reservepool zu schaffen.[35]

Wenn Mitglieder mit chronischen Zahlungsbilanz-Problemen zu kämpfen haben und ihre Kredite nicht zurückzahlen können, bietet der IWF ihnen Kredite aus dem Pool für ein Vielfaches des ursprünglich eingezahlten Betrags und zu immer teureren Bedingungen an.

Der IWF ist technisch gesehen eine übernationale Zentralbank, da er seit 1969 seine eigene Währung prägt: Das Sonderziehungsrecht (SZR), dessen Wert sich an einem Korb der wichtigsten Währungen der Welt orientiert. Heute ist das SZR zu 45 durch US-Dollar, 29 % durch Euro, 12 % durch Yuan, 7 % durch Yen und 7 % durch Pfund gedeckt.[36] Die gesamte Kreditvergabe-Kapazität des IWF beläuft sich heute auf eine Billion US-Dollar.[37]

Zwischen 1960 und 2008 konzentrierte sich der IWF weitgehend auf die Unterstützung von Entwicklungsländern mit kurzfristigen, hochverzinslichen Krediten. Da die von den Entwicklungsländern ausgegebenen Währungen nicht frei konvertierbar sind, können sie in der Regel nicht gegen Waren oder Dienstleistungen im Ausland eingetauscht werden. Stattdessen müssen die Entwicklungsländer harte Währung durch Exporte erwirtschaften. Im Gegensatz zu den Vereinigten Staaten, die einfach die Weltreservewährung ausgeben können, geht Ländern wie Sri Lanka und Mosambik oft das Geld aus. An diesem Punkt bevorzugen die meisten Regierungen – vor allem die autoritären – die schnelle Lösung, indem sie sich beim IWF Geld für die Zukunft ihres Landes leihen.

Die Weltbank hat nach eigenen Angaben die Aufgabe, Kredite an Entwicklungsländer zu vergeben, um „die Armut zu verringern, den gemeinsamen Wohlstand zu erhöhen und eine nachhaltige Entwicklung zu fördern".[38] Die Bank selbst ist in fünf Bereiche aufgeteilt. Ein Bereich ist die Internationale Bank für Wiederaufbau und Entwicklung (IBRD), die sich auf traditionelle „harte" Kredite an die größeren Entwicklungsländer (z. B. Brasilien oder Indien) konzentriert. Ein weiterer Bereich ist die Internationale Entwicklungsorganisation (IDA), die sich auf „weiche" zinslose Kredite mit langen tilgungsfreien Zeiten für die ärmsten Länder konzentriert. Außerdem gibt es die Internationale Finanz-Corporation (IFC), die es den Gläubigern der Bank ermöglicht, in private Projekte zu investieren (vor allem in Öl und Bergbau). Und dann noch die Multilaterale Investitions-Garantie-Agentur (MIGA), die Unternehmen, die in instabilen Umgebungen tätig sind, eine Versicherung anbietet.[39]

Die Weltbankgruppe verdient ihr Geld zum Teil durch den Cantillon-Effekt. Sie leiht Geld zu günstigen Konditionen bei ihren Gläubigern und privaten Marktteilnehmern, die direkteren Zugang zu billigem Kapital haben. Dann verleiht sie diese Mittel zu höheren Konditionen an arme Länder, die diesen Zugang nicht haben. Die IFC verdient zum Beispiel mehr als 1 Milliarde US-Dollar pro Jahr mit Projekten in mehr als hundert Ländern.

Die Darlehen der Weltbank sind traditionell projekt- oder sektorspezifisch. Sie konzentrieren sich auf die Erleichterung des Exports von Rohstoffen (z. B. Finanzierung von Straßen, Tunneln, Dämmen und Häfen, die erforderlich sind, um Mineralien aus dem Boden auf die internationalen Märkte zu bringen) und auf die Umwandlung der traditionellen Konsum-Landwirtschaft in industrielle Landwirtschaft oder Aquakultur. Damit sollen die Länder mehr Nahrungsmittel und Waren in den Westen exportieren können.[40]

Die Mitgliedsstaaten der Weltbank und des IWF haben kein Stimmrecht, das auf ihrer Bevölkerungszahl basiert. Vielmehr wurde der Einfluss vor sieben Jahrzehnten so gestaltet, dass die Vereinigten Staaten, Europa und Japan gegenüber dem Rest der Welt bevorzugt wurden. Diese Dominanz hat sich in den letzten Jahren nur geringfügig abgeschwächt.

Heute besitzen die Vereinigten Staaten mit 15,6 % der Stimmen in der Weltbank[41] und 16,5 % im IWF[42] immer noch den weitaus größten Stimmenanteil, genug, um im Alleingang ein Veto gegen jede wichtige Entscheidung einzulegen, wofür 85 % der Stimmen in beiden Institutionen erforderlich sind. Japan verfügt über 7,35 % der Stimmen in der Weltbank und 6,14 % im IWF, Deutschland über 4,21 % und 5,31 %, Frankreich und das Vereinigte Königreich über 3,87 % und 4,03 % und Italien über 2,49 % und 3,02 %.

Im Gegensatz dazu hat Indien mit seinen 1,4 Milliarden Einwohnern nur 3,04 % der Stimmen in der Weltbank und nur 2,63 % im IWF: weniger Macht als sein ehemaliger Kolonialherr, obwohl es eine zwanzigmal größere Bevölkerung hat. Chinas 1,4 Milliarden Menschen erhalten 5,7 % in der Weltbank und 6,08 % im IWF, was in etwa dem Anteil der Niederlande plus Kanada und Australien entspricht. Brasilien und Nigeria, die größten Länder Lateinamerikas und Afrikas, haben etwa so viel Einfluss wie Italien, eine ehemalige imperiale Macht im Niedergang.

Die winzige Schweiz mit nur 8,6 Millionen Einwohnern verfügt über 1,47 % der Stimmen in der Weltbank und 1,17 % der Stimmen im IWF, was in etwa dem Anteil von Pakistan, Indonesien, Bangladesch und Äthiopien zusammen entspricht, obwohl sie *neunzigmal* weniger Einwohner haben.

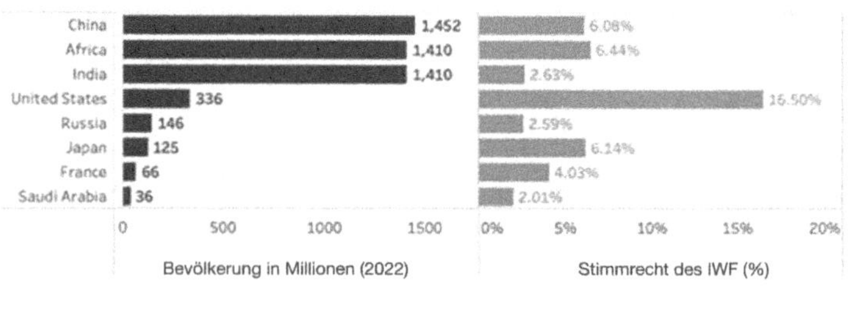

Quelle: IWF

Bevölkerung versus Stimmrecht des IWF.

Diese Stimmrechtsanteile sollen den Anteil der einzelnen Länder an der Weltwirtschaft widerspiegeln. Jedoch trägt ihre Struktur aus der imperialen Ära dazu bei, wie Entscheidungen getroffen werden. Fünfundsechzig Jahre nach der Entkolonialisierung haben die von den USA angeführten Industriemächte immer noch mehr oder weniger die totale Kontrolle über den Welthandel und die Kreditvergabe. Die ärmsten Länder haben de facto überhaupt kein Mitspracherecht.

Die G5 (die Vereinigten Staaten, Japan, Deutschland, das Vereinigte Königreich und Frankreich) dominieren das Exekutivdirektorium des IWF, obwohl sie nur einen relativ geringen Anteil an der Weltbevölkerung ausmachen. Die G10 plus Irland, Australien und Korea verfügen über mehr als 50 % der Stimmen. Das bedeutet, dass die Vereinigten Staaten mit ein wenig Druck auf ihre Verbündeten selbst bei konkreten Kreditentscheidungen, für die eine Mehrheit erforderlich ist, das Sagen haben.[43]

Neben der Billionen-Dollar-Kreditvergabe des IWF[44] hat die Weltbankgruppe mehr als 350 Milliarden US-Dollar an offenen Krediten in mehr als 150 Ländern.[45] Diese Kredite sind in den letzten zwei Jahren sprunghaft angestiegen, da die Schwesterorganisationen Hunderte von Milliarden US-Dollar an Regierungen verliehen haben, die ihre Volkswirtschaften als Antwort auf die COVID-19-Pandemie abgeschottet haben.[46]

In den letzten Monaten haben die Weltbank[47] und der IWF[48] damit begonnen, milliardenschwere Geschäfte zur „Rettung" von Regierungen abzuschließen, die durch die aggressiven Zinserhöhungen der US-Notenbank gefährdet sind. Diese Kunden missachten häufig die Menschenrechte. Sie nehmen Kredite ohne die Zustimmung ihrer Bürger auf, die letztendlich für die Rückzahlung des Kapitals plus Zinsen verantwortlich sind. Der IWF unterstützt derzeit den ägyptischen Diktator Abdel Fattah el-Sisi, der für das größte Massaker an Demonstranten seit dem Platz des Himmlischen Friedens verantwortlich ist,[49] mit 3 Milliarden US-Dollar.[50] Währenddessen zahlte die Weltbank im vergangenen Jahr einen Kredit in Höhe von 300 Millionen US-Dollar[51] an die äthiopische Regierung aus, die in Tigray Kriegsverbrechen begangen hatte.[52]

Die kumulative Wirkung der Politik der Weltbank und des IWF ist viel größer als der Papierwert ihrer Darlehen, da ihre Kreditvergabe die bilaterale Hilfe antreibt. Es wird geschätzt, dass „jeder US-Dollar, welcher der Dritten Welt vom IWF zur Verfügung gestellt wird, weitere vier bis sieben US-Dollar an neuen Krediten und Refinanzierungen von Geschäftsbanken und Regierungen reicher Länder freisetzt".[53] Wenn die Weltbank und der IWF sich weigern, einem bestimmten Land Kredite zu gewähren, folgt der Rest der Welt in der Regel ihrem Beispiel.

Der enorme Einfluss, den die Weltbank und der IWF auf die Entwicklungsländer hatten, ist kaum zu übertreffen, insbesondere in den ersten Jahrzehnten nach dem Zweiten Weltkrieg. Bis 1990 und dem Ende des Kalten Krieges[54] hatte der IWF Kredite an 41 Länder in Afrika, 28 Länder in Lateinamerika, 20 Länder in Asien, 8 Länder im Nahen Osten und 5 Länder in Europa vergeben, was drei Milliarden Menschen betraf, also zwei Drittel der Weltbevölkerung.[55] Die Weltbank hat Darlehen an mehr als 160 Länder vergeben.[56]

Sie bleiben somit die wichtigsten internationalen Finanzinstitute der Welt.

Kapitel III

Strukturanpassung

„Anpassung ist eine immer neue und nie endende Aufgabe."
- Otmar Emminger, ehemaliger IWF-Direktor und Gründer des SZR

Anfang 2023 sind die Schlagzeilen in der Finanzwelt voll von Berichten über IWF-Besuche in Ländern wie Sri Lanka[57] und Ghana[58]. Das Ergebnis ist, dass der IWF den Krisenländern im Gegenzug für die sogenannte Strukturanpassung Milliarden von US-Dollar leiht.

Bei einem Strukturanpassungsdarlehen müssen die Kreditnehmer nicht nur Kapital und Zinsen zurückzahlen. Sie müssen sich auch bereit erklären, ihre Wirtschaft entsprechend den Anforderungen der Weltbank und des IWF zu verändern.[59] Diese Anforderungen sehen fast immer vor, dass die Kunden ihre Exporte auf Kosten des inländischen Verbrauchs maximieren.

Bei den Recherchen zu diesem Buch hat der Autor viel von der Arbeit der Entwicklungswissenschaftlerin Cheryl Payer gelernt, die in den 1970er-, 1980er- und 1990er-Jahren bahnbrechende Bücher und Abhandlungen über den Einfluss von Weltbank und IWF geschrieben hat.[60] Der Autor mag mit Payers „Lösungen" nicht einverstanden sein – die wie die der meisten Kritiker von Weltbank und IWF tendenziell sozialistisch sind –, aber viele ihrer Beobachtungen über die Weltwirtschaft gelten unabhängig von der Ideologie.

„Es ist ein ausdrückliches und grundlegendes Ziel der IWF-Programme", schrieb sie, „den lokalen Konsum zu bremsen, um Ressourcen für den Export freizusetzen."[61]

Dies kann nicht oft genug betont werden.

Die offizielle Darstellung lautet, dass die Weltbank und der IWF „ein nachhaltiges Wirtschaftswachstum, einen höheren Lebensstandard und die Verringerung der Armut" fördern sollen.[62] Aber die Straßen und Dämme, die die Weltbank baut, sind nicht dazu da, um den Transport und die Stromversorgung für die Einheimischen zu verbessern, sondern um multinationalen Unternehmen den Zugang zum Reichtum zu erleichtern. Die Rettungsaktionen des IWF dienen nicht dazu, ein Land vor dem Bankrott zu „retten" – was in vielen Fällen wahrscheinlich das Beste für das Land wäre –, sondern vielmehr dazu, ihm zu ermöglichen, seine Schulden mit noch mehr Schulden zu begleichen, damit der ursprüngliche Kredit nicht zu einem Loch in der Bilanz einer westlichen Bank wird.

In ihren Büchern über die Weltbank und den IWF beschreibt Payer, wie die Institutionen behaupten, dass ihre Kreditkonditionen es den kreditnehmenden Ländern ermöglichen, „eine gesündere Handels- und Zahlungsbilanz zu erreichen". In Wirklichkeit, so Payer, gehe es aber darum, „die Regierungen zu bestechen, um sie daran zu hindern, die wirtschaftlichen Veränderungen vorzunehmen, die sie unabhängiger und selbstständig machen würden." Wenn die Länder ihre Strukturanpassungs-Darlehen zurückzahlen, wird der Schuldentilgung Priorität eingeräumt und die Inlandsausgaben sollen nach unten „angepasst" werden.

Der Umfang der Strukturanpassung ist erstaunlich. Zwischen 1981 und 2004 wurden 123 Länder, die 82 % der Weltbevölkerung ausmachen, mithilfe von Krediten der Weltbank oder des IWF strukturell angepasst.[63]

Diese Kredite wurden oftmals über einen Mechanismus namens „Stand-by-Vereinbarung" vergeben, eine Darlehensvergabe, bei der die Mittel nur dann freigegeben wurden, wenn die kreditnehmende Regierung angab, bestimmte Ziele zu erreichen.[64] Von Jakarta über Lagos bis Buenos Aires flogen IWF-Mitarbeiter ein (immer in der ersten oder Business-Class), um sich mit undemokratischen Machthabern zu treffen und ihnen Millionen oder Milliarden von US-Dollar als Gegenleistung dafür anzubieten, dass sie ihren wirtschaftlichen Spielregeln folgen.

Zu den typischen Forderungen des IWF gehören:[65]

- Abwertung der Währung
- Abschaffung oder Reduzierung von Devisen- und Einfuhrkontrollen
- Verringerung der inländischen Bankkredite

- höhere Zinssätze
- erhöhte Steuern
- Abschaffung der Verbrauchersubventionen für Lebensmittel und Energie
- Obergrenzen für Löhne
- Beschränkung der Staatsausgaben, insbesondere im Gesundheits- und Bildungswesen
- günstige rechtliche Bedingungen und Anreize für multinationale Konzerne
- Verkauf von Staatsunternehmen und Ansprüchen auf natürliche Ressourcen zu Schleuderpreisen

Auch die Weltbank hatte ihr eigenes Regelwerk.
Payer nennt Beispiele:[66]

- Erschließung von bisher abgelegenen Regionen durch Investitionen in Verkehr und Telekommunikation
- Unterstützung multinationaler Konzerne im Bergbausektor
- Beharren auf der Produktion für den Export
- Druck auf die Kreditnehmer zur Verbesserung der gesetzlichen Privilegien für die Steuerpflicht ausländischer Investitionen
- Widerstand gegen Mindestlohngesetze und gewerkschaftliche Aktivitäten
- Abschaffung des Schutzes für Unternehmen in lokalem Besitz
- Finanzierung von Projekten, die sich Land, Wasser und Wälder von armen Menschen aneignen und sie an multinationale Konzerne übergeben
- Verkleinerung des verarbeitenden Gewerbes und der Lebensmittelproduktion auf Kosten des Exports von natürlichen Ressourcen und Rohstoffen

Die Regierungen der Dritten Welt waren in der Vergangenheit gezwungen, einer Mischung dieser Politik – manchmal auch als „Washington-Konsens" bezeichnet – zuzustimmen, um die fortlaufende Freigabe von Darlehen der Weltbank und des IWF zu erreichen.[67]

Die ehemaligen Kolonialmächte neigen dazu, ihre „Entwicklungs"-Kredite auf ehemalige Kolonien oder Einflussgebiete zu konzentrieren: Frankreich in Westafrika, Japan in Indonesien, Großbritannien in Ostafrika und Südasien und die Vereinigten Staaten in Lateinamerika. Ein bemerkenswertes Beispiel ist die Zone der Afrikanischen Finanzgemeinschaft (CFA), in der 180 Millionen Menschen in fünfzehn afrikanischen Ländern noch immer gezwungen sind, eine französische Kolonialwährung zu verwenden.[68] Auf Anraten des IWF wertete Frankreich 1994 den CFA um 50 %[69] ab und zerstörte damit die Ersparnisse und die Kaufkraft von Dutzenden Millionen Menschen in Ländern vom Senegal über die Elfenbeinküste bis nach Gabun, um die Wettbewerbsfähigkeit der Rohstoffexporte zu erhöhen.[70]

Die Folgen der Politik von Weltbank und IWF für die Dritte Welt sind denen des traditionellen Imperialismus bemerkenswert ähnlich: Lohndeflation, Verlust der Autonomie und Abhängigkeit von der Landwirtschaft. Der große Unterschied besteht darin, dass in dem neuen System Schwert und Pistole durch Schulden als Waffe ersetzt wurden.

In den letzten dreißig Jahren hat sich die Strukturanpassung im Hinblick auf die durchschnittliche Anzahl der Bedingungen in den von der Weltbank und dem IWF gewährten Darlehen verstärkt. Vor 1980 vergab die Weltbank in der Regel keine Darlehen zur Strukturanpassung, die meisten waren projekt- oder sektorspezifisch. Seitdem sind die „Gib es aus, wie du es willst"-Rettungsdarlehen mit wirtschaftlichen Gegenleistungen jedoch zunehmend Teil der Weltbankpolitik geworden. Für den IWF sind sie das Lebenselixier.

Als beispielsweise der IWF während der asiatischen Finanzkrise 1997 Südkorea und Indonesien mit Rettungspaketen in Höhe von 57 Milliarden und 43 Milliarden US-Dollar aus der Patsche half, stellte er strenge Bedingungen.[71] Die Kreditnehmer mussten Vereinbarungen unterzeichnen, die „eher wie Weihnachtsbäume als wie Verträge aussahen, mit 50 bis 80 detaillierten Bedingungen, die alles von der Deregulierung von Knoblauch-Monopolen bis hin zu Steuern auf Viehfutter und neuen Umweltgesetzen abdeckten".[72]

Eine Analyse aus dem Jahr 2014 zeigte, dass der IWF in den vergangenen zwei Jahren im Durchschnitt zwanzig Bedingungen an jedes von ihm vergebene Darlehen geknüpft hatte – ein historischer Rekordwert.[73] Länder wie Jamaika, Griechenland und Zypern haben in den letzten Jahren Kredite mit durchschnittlich jeweils fünfunddreißig Bedingungen aufgenommen.[74] Es ist anzumerken, dass die Bedingungen der Weltbank und des IWF niemals den Schutz des Rechtes auf freie Meinungsäußerung oder der Menschenrechte, geschweige denn Beschränkungen von Militärausgaben oder Polizeigewalt beinhalteten.

Eine weitere Besonderheit der Politik von Weltbank und IWF ist das sogenannte „Doppeldarlehen": Es wird Geld geliehen, um z. B. einen Staudamm zu bauen, aber das meiste, wenn nicht sogar das gesamte Geld wird an westliche Unternehmen gezahlt. Der Steuerzahler der Dritten Welt wird also mit Tilgungs- und Zinszahlungen belastet und der Norden erhält das Doppelte zurück.

Das Doppeldarlehen steht im Kontext der Tatsache, dass die herrschenden Staaten über die Weltbank und den IWF Kredite an ehemalige Kolonien vergeben, deren lokale Machthaber das neue Geld oft direkt an multinationale Unternehmen weitergeben, die von Beratungs-, Bau- oder Importdienstleistungen profitieren. Die daraus resultierende und geforderte Währungsabwertung, die Lohnkontrollen und die Verknappung der Bankkredite, die durch die Strukturanpassungen der Weltbank und des IWF auferlegt werden, benachteiligen die lokalen Unternehmer, die in einem kollabierenden und isolierten Fiat-System feststecken. Diese kommen den multinationalen Unternehmen zugute, die auf US-Dollar, Euro oder Yen basieren.

Eine weitere wichtige Quelle für diesen Autor ist das meisterhafte Buch *Händler der Armut* des Historikers Graham Hancock, das die ersten fünf Jahrzehnte der Politik von Weltbank und IWF und der Auslandshilfe im Allgemeinen beleuchtet.

„Die Weltbank", schreibt Hancock, „ist die erste, die zugibt, dass von den 10 US-Dollar, die sie erhält, etwa 7 US-Dollar für Waren und Dienstleistungen aus den reichen Industrieländern ausgegeben werden."

In den 1980er-Jahren, als die Finanzierung durch die Weltbank weltweit rapide zunahm, stellte er fest, dass „für jeden US-Steuer-Dollar 82 Cent sofort in Form von Kaufaufträgen an amerikanische Unternehmen zurückgeflossen sind".[75] Diese Dynamik gilt nicht nur für Darlehen, sondern auch für Hilfen. Wenn beispielsweise die Vereinigten Staaten oder Deutschland ein Rettungsflugzeug in ein Krisenland schicken, werden die Kosten für Transport, Lebensmittel,

Medikamente und Gehälter des Personals zu dem addiert, was als ODA oder „öffentliche Mittel für Entwicklungsleistungen" bezeichnet wird. In den Büchern sieht das wie Hilfe und Unterstützung aus. Aber das meiste Geld wird direkt an westliche Unternehmen zurückgezahlt und nicht vor Ort investiert.

Mit Blick auf die Schuldenkrise in der Dritten Welt in den 1980er-Jahren stellte Hancock fest, dass „70 Cent von jedem US-Dollar amerikanischer Hilfe die Vereinigten Staaten nie wirklich verlassen haben". Das Vereinigte Königreich wiederum gab in dieser Zeit satte 80 % seiner Hilfe direkt für britische Waren und Dienstleistungen aus.

„In einem Jahr", schreibt Hancock, „stellten die britischen Steuerzahler den multilateralen Hilfsorganisationen 495 Millionen Pfund zur Verfügung; im selben Jahr erhielten britische Firmen jedoch Aufträge im Wert von 616 Millionen Pfund." Hancock sagt, dass multilaterale Organisationen „sich darauf verlassen können, dass sie britische Waren und Dienstleistungen im Wert von 120 % des gesamten britischen multilateralen Beitrags kaufen".

Es wird deutlich, dass die „Hilfe und Unterstützung", die wir gemeinhin für wohltätig halten, in Wirklichkeit genau das Gegenteil ist.

Und wie Hancock betont, werden die Budgets für die Auslandshilfe immer erhöht, egal wie das Ergebnis ausfällt. Ebenso wie Fortschritte ein Beweis dafür sind, dass die Hilfe funktioniert, ist ein „Mangel an Fortschritt ein Beweis dafür, dass die Dosierung unzureichend war und erhöht werden muss".

Einige Befürworter der Entwicklung, so schreibt er, „argumentieren, dass es unzweckmäßig wäre, den Schnellen (denen, die vorankommen) die Hilfe zu verweigern; andere, dass es grausam wäre, sie den Bedürftigen (denen, die auf der Stelle treten) zu verweigern. Hilfe ist also wie Champagner: Bei Erfolg hat man ihn verdient, bei Misserfolg hat man ihn nötig."

Kapitel IV

Die Schuldenfalle

> ***„Das Konzept der Dritten Welt oder des Südens und die Politik der öffentlichen Hilfe sind untrennbar miteinander verbunden. Sie sind zwei Seiten ein und derselben Medaille. Die Dritte Welt ist die Schöpfung der Auslandshilfe: Ohne Auslandshilfe gibt es keine Dritte Welt.“***
> - Péter Tamás Bauer

Laut Weltbank ist es ihr Ziel, „einen Teil zur Verbesserung des Lebensstandards in den Entwicklungsländern beizutragen, indem finanzielle Mittel aus den entwickelten Ländern in die Entwicklungsländer geleitet werden“.

Was aber, wenn die Realität eine völlig andere ist?

Seit den 1960er-Jahren kam es zunächst zu einem enormen Zustrom von Ressourcen den reichen Ländern in die armen Länder. Dies geschah angeblich, um ihnen bei deren Entwicklung zu helfen. Cheryl Payer schreibt, dass es lange Zeit als „natürlich“ angesehen wurde, dass Kapital „in nur eine Richtung, von den entwickelten Industrieländern in die Dritte Welt, fließt“.

Sie erinnert uns jedoch daran, „dass der Kreditnehmer mehr an seine Gläubiger zahlen muss, als er von ihm erhalten hat […] über die Laufzeit des Kredits ist dieser Überschuss viel höher als der Betrag, der ursprünglich geliehen wurde“.

Der Lebenszyklus eines Weltbank-Darlehens

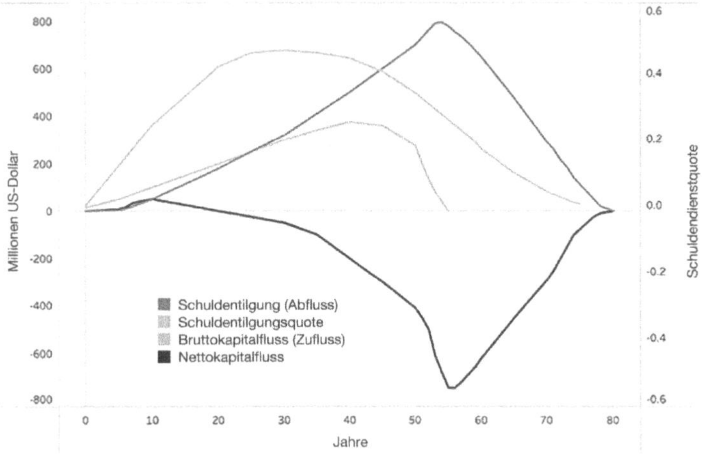

Source: Lent And Lost, Cheryl Payer

Der Lebenszyklus eines Weltbank-Darlehens: erst positive, dann stark negative Zahlungsströme für das Land des Kreditnehmers

In der Weltwirtschaft wurde dieser Punkt 1982 erreicht, als sich der Ressourcenfluss *dauerhaft umkehrte*. Seitdem gibt es einen jährlichen Nettogeldfluss von den armen in die reichen Länder. Dies begann mit durchschnittlich 30 Milliarden US-Dollar pro Jahr, die Mitte bis Ende der 1980er-Jahre vom Süden in den Norden flossen, und bewegt sich heute im Bereich von Billionen US-Dollar pro Jahr.[76] Zwischen 1970 und 2007 – vom Ende des Goldstandards bis zur großen Finanzkrise – belief sich der Schuldendienst der armen Länder an die reichen Länder auf insgesamt 7,15 Billionen US-Dollar.[77]

Netto-Ressourcentransfers aus Entwicklungsländern, seit 1982 zunehmend negativ

Um ein Beispiel dafür zu geben, wie dies in einem bestimmten Jahr aussieht: 2012 erhielten die Entwicklungsländer 1,3 Billionen US-Dollar, einschließlich aller Einkommen, Hilfen und Investitionen.[78] Im selben Jahr aber flossen mehr als 3,3 Billionen US-Dollar ab. Mit anderen Worten, laut dem Anthropologen Jason Hickel, „haben Entwicklungsländer 2 Billionen US-Dollar mehr in den Rest der Welt gesendet, als sie erhalten haben".[79]

Wenn man alle Ströme von 1960 bis 2017 zusammenzählt, ergibt sich eine erschreckende Wahrheit: 62 Billionen US-Dollar wurden aus den Entwicklungsländern abgezogen, was in heutigen US-Dollar dem Gegenwert von 620 Marshallplänen entspricht.[80]

Der IWF und die Weltbank sollten Zahlungsbilanzprobleme lösen und armen Ländern helfen, stärker und nachhaltiger zu werden. Die Beweise zeigen das genaue Gegenteil.

„Für jeden US-Dollar an Hilfsgeldern, den die Entwicklungsländer erhalten", schreibt Hickel, „verlieren sie 24 US-Dollar an Nettoabflüssen." Anstatt die Ausbeutung und den ungleichen Austausch zu beenden, zeigen Studien, dass die Strukturanpassungspolitik sie massiv wachsen ließ.[81]

Seit 1970 ist die öffentliche Auslandsverschuldung der Entwicklungsländer von 46 Milliarden US-Dollar auf 8,7 Billionen US-Dollar gestiegen.[82] In den letzten fünfzig Jahren schulden Länder wie Indien, die Philippinen und der Kongo ihren ehemaligen Kolonialherren heute das *189-Fache* des Betrags, der 1970 geschuldet wurde. *Allein für Zinszahlungen* haben sie seit 1980 4,2 Billionen US-Dollar gezahlt.[83]

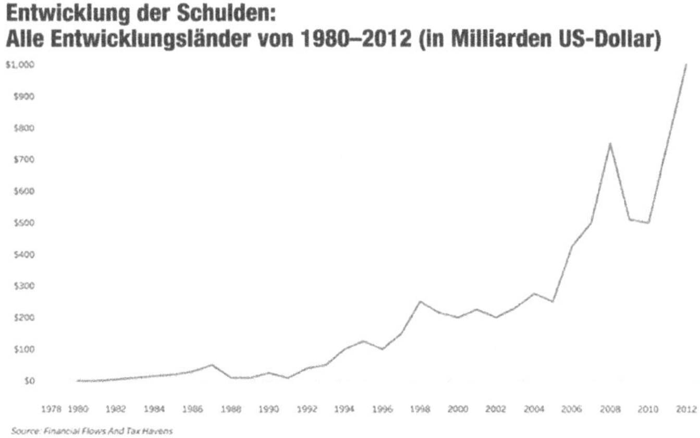

Der exponentielle Schuldenzuwachs in Entwicklungsländern

Die Schuldenfalle für Entwicklungsländer ist heute tiefer denn je. Beispielsweise war Nigeria gezwungen, im Jahr 2022 80 % seiner Staatseinnahmen für die Schuldentilgung aufzuwenden.[84] Das Land hat seine Wirtschaft so gestaltet, dass es versucht, die Schulden zurückzuzahlen, anstatt in seine Zukunft zu investieren.

In Payers Buch *The Debt Trap* aus dem Jahr 1974 zeigte sie anhand von Wirtschaftsdaten, wie der IWF die armen Länder in die Falle lockte, indem er sie dazu ermutigte, mehr Geld zu leihen, als sie möglicherweise zurückzahlen konnten. Aber selbst sie wäre schockiert über das Ausmaß der heutigen Schuldenfalle.

Ihre Beobachtung, dass „der Durchschnittsbürger in den USA oder Europa sich dieses enormen Kapitalabflusses aus Teilen der Welt, die sie für erbärmlich arm halten, möglicherweise nicht bewusst ist", klingt auch heute noch wahr. Zu seiner eigenen Schande wusste der Autor nicht über die wahre Natur der globalen Geldströme Bescheid und nahm einfach an, dass reiche Länder arme Länder subventionieren, bevor er mit den Recherchen für dieses Projekt begann. Das Endergebnis ist ein buchstäbliches Schneeballsystem, bei dem in den 1970er-Jahren die Schulden der Dritten Welt so hoch waren, dass sie nur mit neuer Schuld bedient werden konnten. Seitdem hat sich daran nichts geändert.

Viele Kritiker der Weltbank und des IWF gehen davon aus, dass diese Institutionen mit dem Herzen am rechten Fleck arbeiten und wenn sie versagen, dann aufgrund von Fehlern, Verschwendung oder Missmanagement.

Die Hauptthese dieses Buches ist, dass dies nicht stimmt und die grundlegenden Ziele des IWF und der Weltbank nicht darin bestehen, die Armut zu bekämpfen, sondern die Gläubigernationen sich auf Kosten der armen Länder bereichern.

Der Autor ist einfach nicht bereit zu glauben, dass ein permanenter Fluss von Geldern aus armen Ländern in die reichen seit 1982 ein „Fehler" ist. Einige Leser werden bezweifeln, dass dies absichtlich geschieht, und glauben, dass es sich um ein unbewusstes, strukturelles Ergebnis handelt. Für die Milliarden von Menschen, die durch Weltbank und IWF in Armut geraten sind, spielt der Unterschied praktisch keine Rolle.

Kapitel V

Koloniale Ressourcenausbeutung in neuem Gewand

„Ich bin das Warten so leid. Du nicht auch? Darauf, dass die Welt gut, schön und freundlich wird? Lasst uns ein Messer nehmen und die Welt in zwei Hälften schneiden – und sehen, welche Würmer an der Rinde fressen.“
- Langston Hughes

Ende der 1950er-Jahre waren Europa und Japan nach dem Krieg weitestgehend wiederhergestellt und führten ihr industrielles Wachstum in signifikanter Weise fort, während den Ländern der Dritten Welt die Mittel ausgingen. Trotz gesunder Bilanzen in den 1940er- und frühen 1950er-Jahren gerieten die armen, Rohstoff exportierenden Länder in Zahlungsbilanzschwierigkeiten, als der Wert ihrer Rohstoffe im Zuge des Koreakriegs einbrach.[85] Zu diesem Zeitpunkt begann die Schuldenfalle und die Weltbank und der IWF öffneten die Schleusen für Kredite in Billionenhöhe.

Diese Ära kennzeichnet auch das offizielle Ende des Kolonialismus, als sich die europäischen Großmächte aus ihren imperialen Ländereien zurückzogen. Die allgemeine Vorstellung der internationalen Entwicklungspolitik lautet, dass sich der wirtschaftliche Erfolg von Nationen „in erster Linie auf ihre internen, landeseigenen Bedingungen zurückführen lässt.[86] Länder mit hohem Einkommen haben ihren wirtschaftlichen Erfolg“, so die Theorie, „aufgrund guter Regierungsführung, starker Institutionen und freier Märkte erreicht. Länder mit niedrigerem Einkommen haben sich nicht entwickelt, weil ihnen diese Dinge fehlen oder weil sie unter Korruption, Bürokratie und Ineffizienz leiden.“

Das ist sicherlich richtig. Aber ein weiterer wichtiger Grund, warum die reichen Länder reich und die armen Länder arm sind, ist, dass die ersteren die letzteren während der Kolonialzeit über Hunderte von Jahren ausgebeutet haben.

„Die industrielle Revolution Großbritanniens", schreibt Jason Hickel, „hing zu einem großen Teil von der Baumwolle ab, die auf Land angebaut wurde, das den amerikanischen Ureinwohnern gewaltsam genommen wurde, wobei die Arbeitskräfte von versklavten Afrikanern gestellt wurden. Andere wichtige Rohstoffe, die britische Hersteller benötigten – Hanf, Holz, Eisen und Getreide – wurden durch Zwangsarbeit auf Leibeigenengütern in Russland und Osteuropa produziert. In der Zwischenzeit finanzierten die britischen Ausbeuten aus Indien und anderen Kolonien mehr als die Hälfte des Staatshaushalts und deckten die Kosten für Straßen, öffentliche Gebäude und den Wohlfahrtsstaat – all die Märkte der modernen Entwicklung –, während sie zugleich den Kauf der für die Industrialisierung erforderlichen materiellen Güter ermöglichten."[87]

Die Dynamik des Diebstahls wurde von Utsa und Prabhat Patnaik in ihrem Buch *Capital And Imperialism* beschrieben. Kolonialmächte wie das britische Imperium setzten Gewalt ein, um aus schwachen Ländern Rohstoffe abzuziehen, wodurch ein „kolonialer Abfluss" von Kapital entstand, der das Leben in London, Paris und Berlin förderte und subventionierte. Die Industrienationen wandelten diese Rohstoffe in Industriegüter um und verkauften sie an schwächere Länder zurück, wobei sie massiv profitierten und gleichzeitig die lokale Produktion verdrängten. Und – was besonders wichtig ist – sie hielten die Inflation im eigenen Land niedrig, indem sie die Löhne in den Kolonialgebieten entweder durch direkte Sklaverei oder durch Bezahlung weit unter dem Weltmarktpreis.

Als das koloniale System ins Wanken geriet, sah sich die westliche Finanzwelt mit einer Krise konfrontiert. Die Patnaiks argumentieren, dass die Weltwirtschaftskrise nicht nur auf Veränderungen in der westlichen Geldpolitik zurückzuführen war, sondern auch auf die Verlangsamung des kolonialen Abflusses. Die Argumentation ist einfach: Die reichen Länder hatten ein Förderband aufgebaut, über das die Ressourcen aus den armen Ländern abflossen, und als das Band riss, tat dies auch alles andere. Zwischen den 1920er- und 1960er-Jahren war der politische Kolonialismus praktisch ausgestorben. Großbritannien, die Vereinigten Staaten, Deutschland, Frankreich, Japan, die Niederlande, Belgien und andere Imperien waren gezwungen, die Kontrolle über mehr als die Hälfte der Gebiete und Ressourcen der Welt aufzugeben.

Wie die Patnaiks schreiben, ist der Imperialismus „ein Arrangement, um der Bevölkerung der Dritten Welt eine Einkommensdeflation aufzuzwingen, damit Imperien ihre primären Rohstoffe erhalten, ohne auf das Problem der steigenden Angebotspreise zu treffen".

Nach 1960 wurde dies die neue Aufgabe der Weltbank und des IWF: den kolonialen Abfluss aus den armen Ländern in die reichen Länder wiederherzustellen, der ursprünglich vom einfachen Imperialismus aufrechterhalten wurde.

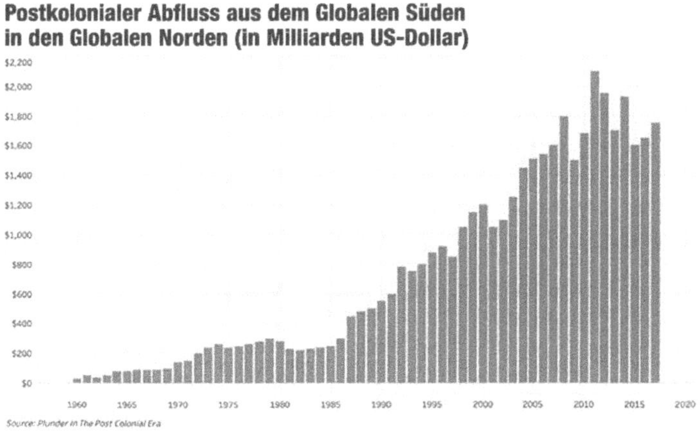

Postkolonialer Abfluss aus dem Globalen Süden in den Globalen Norden

Die Verantwortlichen in den Vereinigten Staaten, Europa und Japan verfolgten das Ziel eines „internen Gleichgewichts", nämlich Vollbeschäftigung. Sie erkannten jedoch, dass dies durch Subventionen innerhalb eines isolierten Systems nicht möglich war, da dies zu einer hohen Inflation führen würde. Um ihr Ziel zu erreichen, benötigten die westlichen Regierungen externen Input aus ärmeren Ländern. Die zusätzliche Wertschöpfung, welche den Arbeitern in peripheren Ländern von Kernländern entzogen wird, wird als „imperialistische

Rente“[88] bezeichnet. Durch den Einsatz von günstigen Materialien und Arbeitskräften können Industrieländer ihre Waren mit Gewinn verkaufen und somit ihrer Traumwirtschaft der Technokraten näher kommen. Dieser Wunsch wurde bereits erfüllt. Im Jahr 2019 beliefen sich die Arbeitnehmerlöhne in Entwicklungsländern lediglich auf 20 % des Lohnniveaus ihrer Kollegen aus Industrieländern.[89]

Cheryl Payer nennt den klassischen Fall Mauretaniens in Nordwestafrika in den 1960er-Jahren als Beispiel dafür, wie die Weltbank koloniale Abflussdynamiken wiederhergestellt hat. Ein Bergbauprojekt namens MIFERMA wurde von den französischen Besatzern unterzeichnet, bevor die Kolonie unabhängig wurde. Das Unternehmen entpuppte sich schließlich als „altmodisches Enklavenprojekt – eine Stadt in der Wüste und eine Eisenbahnlinie zum Meer“, da die Infrastruktur ausschließlich auf den Transport der Mineralien zu den internationalen Märkten ausgerichtet war. Im Jahr 1969, als die Mine 30 % des mauretanischen BIP und 75 % der Exporte ausmachte, flossen 72 % der Einnahmen ins Ausland, und „praktisch das gesamte Einkommen, das den Arbeitern vor Ort ausgezahlt wurde, versickerte in den Importen“. Als die Minenarbeiter gegen dieses neokoloniale System protestierten, wurden sie von den Sicherheitskräften brutal niedergeschlagen.

Geographie des Abflusses aus dem Globalen Süden von 1960 bis 2017 (in Billionen US-Dollar)

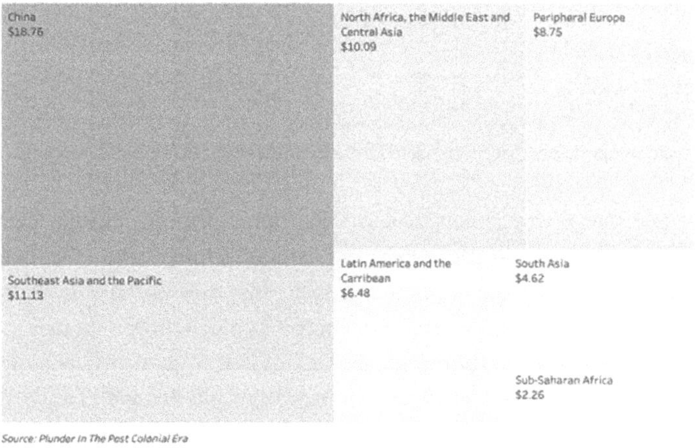

Geographie des Abflusses aus dem Globalen Süden von 1960 bis 2017

MIFERMA ist ein stereotypes Beispiel für die Art von „Entwicklung“, die der Dritten Welt von der Dominikanischen Republik über Madagaskar bis Kambodscha aufgezwungen wurde. Und all diese Projekte wurden in den 1970er-Jahren dank des Petrodollar-Systems rasch ausgeweitet.

Nach 1973 versenkte die arabische Organisation erdölexportierender Länder (OPEC) ihre enormen Überschüsse, die sich aus dem sprunghaften Anstieg der Ölpreise ergaben, in Einlagen und Schatzkammern westlicher Banken, die einen Ort brauchten, an den sie ihre wachsenden Ressourcen ausleihen konnten. Ideale Ziele waren Militärdiktatoren in Lateinamerika, Afrika und Asien, da sie eine hohe Zeitpräferenz hatten und gerne Kredite auf zukünftige Generationen aufnahmen.

Der „IWF-Put“ trug zur Beschleunigung des Kreditwachstums bei. Die Privatbanken glaubten (richtigerweise), dass der IWF Länder im Falle eines Zahlungsausfalls retten würde, um ihre Investitionen zu schützen. Außerdem lagen Mitte der 1970er-Jahre die Zinssätze häufig im negativen Bereich, was die Kreditnehmer zusätzlich ermutigte. Die Folge war ein Schuldenrausch, der durch die Forderung des Weltbankpräsidenten Robert McNamara nach einer erheblichen Expansion der Unterstützung verursacht wurde. Die Kreditportfolios der US-Banken in der Dritten Welt wurden zwischen 1978 und 1982 um 300 % auf 450 Milliarden US-Dollar erhöht.

Das Problem bestand darin, dass diese Darlehen größtenteils variable Zinsvereinbarungen enthielten. Als die US-Notenbank die globalen Kapitalkosten auf fast 20 % hob, explodierten die Zinssätze einige Jahre später. Die Schuldenkrise der Dritten Welt[90] wurde durch die steigende Schuldenlast zusammen mit dem Ölpreisschock von 1979 und dem anschließenden weltweiten Verfall der Rohstoffpreise verursacht, die den Wert der Exporte der Entwicklungsländer bestimmen. Erschwerend kam hinzu, dass nur ein geringfügiger Anteil der Schulden, welche die Regierungen während des Schuldenrausches aufgenommen hatten, tatsächlich in den Durchschnittsbürger investiert wurde.

Schuldendienst der Dritten Welt im Laufe der Zeit

Die Enthüllungsjournalisten Sue Branford und Bernardo Kucinski erklären in ihrem treffend benannten Buch *Debt Squads*, dass lateinamerikanische Regierungen (von denen achtzehn der einundzwanzig Diktaturen waren) zwischen 1976 und 1981 Kredite in Höhe von 272,9 Milliarden US-Dollar aufnahmen. 91,6 % dieser Summe wurden für den Aufbau von Regimereserven, den Schuldendienst und die Kapitalflucht ausgegeben. Nur 8,4 % wurden für inländische Investitionen verwendet und selbst davon wurde viel verschwendet.

Carlos Ayuda, ein Vertreter der brasilianischen Zivilgesellschaft, beschrieb anschaulich die Auswirkungen der durch den Petrodollar ausgelösten Abwanderung auf sein eigenes Land:

„Die Militärdiktatur nutzte die Kredite, um in riesige Infrastrukturprojekte zu investieren, vor allem in Energieprojekte [...] Die Idee hinter dem Bau eines riesigen Staudamms und eines Wasserkraftwerks mitten im Amazonasgebiet war, zum Beispiel Aluminium für den Export in den Norden zu produzieren [...] Die Regierung nahm in den späten 1970er-Jahren riesige Kredite auf und investierte Milliarden von US-Dollar in den Bau des Tucuruí-Staudamms, wobei sie die einheimischen Wälder zerstörte und eine große Zahl von Ureinwohnern und armer Landbevölkerung vertrieb, die dort seit Generationen gelebt hatte. Die Regierung wollte die Wälder abholzen, aber die Fristen waren so kurz, dass sie Agent Orange einsetzte, um die Region zu entlauben und dann die blattlosen Baumstämme unter Wasser setzte [...] die Energie des Wasserkraftwerks [wurde dann] für 13–20 US-Dollar pro Megawatt verkauft, während der tatsächliche Produktionspreis bei 48 US-Dollar lag. Die Steuerzahler leisteten also Subventionen und finanzierten billige Energie für transnationale Unternehmen, um unser Aluminium auf dem internationalen Markt zu verkaufen."[91]

Mit anderen Worten: Das brasilianische Volk bezahlte ausländische Gläubiger dafür, dass sie ihre Umwelt zerstörten, die Massen vertrieben und die Ressourcen verkauften.

Der Abfluss aus den Ländern mit niedrigem und mittlerem Einkommen hin zu den reichen Ländern im Jahr 2023 ist beeindruckend. Im Jahr 2015 wurden insgesamt 10,1 Milliarden Tonnen Rohstoffe und 182 Millionen Menschenjahre an Arbeit verbraucht: 50 % aller Waren und 28 % aller Arbeitskräfte, die in diesem Jahr in Ländern mit hohem Einkommen eingesetzt wurden.[92] Stelle dir vor, im Westen ohne die Hälfte der Ressourcen oder fast ein Drittel der verfügbaren Arbeitskräfte zu leben. Der Westen müsste viel höhere Preise zahlen, wenn er für die Hälfte seiner Ressourcen oder fast ein Drittel seiner Arbeitskräfte zahlen müsste. Danach beginnt man zu verstehen, wie die armen Länder die Lebensweise der Menschen in den reichen Ländern weiterhin subventionieren.

Kapitel VI

Tanz mit Diktatoren

> ***„Er mag ein Hurensohn sein, aber er ist unser Hurensohn."***
> - Franklin Delano Roosevelt

Es sind in der Regel zwei Parteien erforderlich, um einen Kredit von der Weltbank oder dem IWF zu erhalten. Das Problem hierbei ist, dass der Kreditnehmer oft ein nicht gewählter oder nicht rechenschaftspflichtiger Staatschef ist, der die Entscheidung ohne Einbeziehung der Bürger und ohne Mandat der Bevölkerung fällt.

Cheryl Payer schreibt in *The Debt Trap*: „Aus guten und konkreten Gründen sind IWF-Programme politisch unpopulär, da sie der lokalen Wirtschaft schaden und das Realeinkommen der Wählerschaft drücken. Eine Regierung, die versucht, die Bedingungen in ihrer Absichtserklärung an den IWF zu erfüllen, wird wahrscheinlich abgewählt."

Daher bevorzugt der IWF die Zusammenarbeit mit undemokratischen Kunden, die in der Lage sind, unbequeme Richter leichter zu entlassen und Straßenproteste leichter zu unterdrücken. Payer verweist auf die Militärputsche in Brasilien 1964, in der Türkei 1960, in Indonesien 1966, in Argentinien 1966 und auf den Philippinen 1972 als Beispiele dafür, dass der IWF oppositionelle Führer gewaltsam absetzt und durch IWF-freundliche ersetzt. Obwohl der IWF nicht direkt am Staatsstreich beteiligt war, trat er in jedem dieser Fälle einige Tage, Wochen oder Monate später enthusiastisch auf, um dem neuen Regime bei der Umsetzung der Strukturanpassung zu helfen.

Die Weltbank und der IWF sind bereit, Regierungen zu unterstützen, auch wenn diese ihre Macht missbrauchen. Dabei ist es überraschend, dass die Weltbank als erste Institution mit dieser Praxis begonnen hat.

Laut dem Entwicklungsforscher Kevin Danaher „begann die Bank ihren traurigen Rekord am 7. August 1947 mit einem Wiederaufbau-Kredit in Höhe von 195 Millionen US-Dollar an die Niederlande, um Militärregime und Regierungen zu unterstützen, die offen gegen die Menschenrechte verstießen. Die Niederlande hatten siebzehn Tage vor der Genehmigung des Darlehens einen Krieg gegen antikolonialistische Nationalisten in ihrem großen Überseeimperium in Ostindien entfesselt, das bereits seine Unabhängigkeit als Republik Indonesien erklärt hatte."

„Die Niederländer", schreibt Danaher, „schickten 145.000 Soldaten – aus einem Land mit damals nur 10 Millionen Einwohnern, welches wirtschaftlich mit nur 10 % der Produktion von 1939 kämpfte – und führten eine totale Wirtschaftsblockade der von den Nationalisten besetzten Gebiete durch. Diese Maßnahme führte unter den 70 Millionen Einwohnern Indonesiens zu erheblichen Hunger- und Gesundheitsproblemen."

In den ersten Jahrzehnten finanzierte die Weltbank viele solcher Kolonialprojekte, darunter 28 Millionen US-Dollar für das Apartheidland Rhodesien im Jahr 1952 sowie Kredite an Australien, das Vereinigte Königreich und Belgien zur „Entwicklung" von Kolonialbesitz in Papua-Neuguinea, Kenia und Belgisch-Kongo.[93]

Im Jahr 1966 schreibt Danaher, dass sich die Weltbank direkt über die Vereinten Nationen hinwegsetzte, indem sie „Südafrika und Portugal trotz der Beschlüsse der Generalversammlung, die alle UNO-Organisationen aufforderte, die finanzielle Unterstützung für beide Länder einzustellen, weiterhin Geld zur Verfügung stellte".

Danaher sagt: „Die koloniale Herrschaft Portugals über Angola und Mosambik sowie Südafrikas Apartheid waren eindeutige Verstöße gegen die UN-Charta. Die Weltbank argumentierte jedoch, dass Artikel IV, Abschnitt 10 ihrer Charta, der die Einmischung in die politischen Angelegenheiten eines Mitglieds verbietet, sie dazu verpflichtet, die UN-Resolutionen zu missachten. Nach Verabschiedung der UN-Resolution genehmigte die Weltbank Darlehen in Höhe von 10 Millionen US-Dollar für Portugal und 20 Millionen US-Dollar für Südafrika."

Manchmal zeigt sich die Vorliebe der Weltbank für Tyrannei deutlich. Anfang der 1970er-Jahre stellte sie die Kreditvergabe an die demokratisch gewählte Allende-Regierung in Chile ein. Kurz darauf begann sie jedoch, Ceauşescus Rumänien riesige Mengen an Geld zu leihen, obwohl es einer der schlimmsten Polizeistaaten der Welt war. Dies dient als Beispiel dafür, dass die Weltbank und der IWF entgegen der verbreiteten Meinung nicht einfach Kredite entlang ideologischer Linien des Kalten Krieges vergeben haben. Für jeden rechtsgerichteten Diktator wie Augusto Pinochet Ugarte oder Jorge Rafael Videla gab es einen linksgerichteten Führer wie Josip Broz Tito oder Julius Nyerere.

Im Jahr 1979, so Danaher, erhielten fünfzehn der repressivsten Regierungen der Welt ein ganzes Drittel aller Kredite der Weltbank. Und das nachdem der US-Kongress und die Carter-Regierung die Hilfe für vier der fünfzehn – Argentinien, Chile, Uruguay und Äthiopien – wegen „eklatanter Menschenrechtsverletzungen" eingestellt hatten. Nur wenige Jahre später gewährte der IWF der Militärdiktatur in El Salvador einen Kredit in Höhe von 43 Millionen US-Dollar,[94] nur wenige Monate nachdem deren Streitkräfte mit der Vernichtung des Dorfes El Mozote das größte Massaker in Lateinamerika während des Kalten Krieges verübt hatten.[95]

Im Jahr 1994 wurden mehrere Bücher über die Weltbank und den IWF geschrieben, die als Fünfzig-Jahres-Rückblick auf die Institutionen von Bretton Woods gedacht waren. *Perpetuating Poverty* von Ian Vàsquez und Doug Bandow ist eine dieser Studien und sie ist besonders wertvoll, da sie eine libertäre Analyse liefert. Die meisten kritischen Studien über die Weltbank und den IWF kommen von der Linken, aber Vásquez und Bandow vom Cato-Institut sahen viele der gleichen Probleme.

„Der Fonds unterstützt jede Regierung", schreiben sie, „wie käuflich und brutal sie auch sein mag […] China schuldete dem Fonds Ende 1989 600 Millionen US-Dollar. Im Januar 1990, nur wenige Monate nachdem das Blut auf dem Platz des Himmlischen Friedens in Peking getrocknet war, hielt der IWF in der Stadt ein Seminar über Geldpolitik ab."

Vásquez und Bandow erwähnen weitere tyrannische Klienten, die vom militärischen Birma bis zu Pinochets Chile, Laos, Syrien, Vietnam und Nicaragua unter Anastasio Somoza Debayle und den Sandinisten reichen.

„Der IWF", sagen sie, „hat selten eine Diktatur erlebt, die ihm nicht gefallen hat."

Vásquez und Bandow gehen detailliert auf die Beziehungen der Weltbank zum marxistisch-leninistischen Regime von Mengistu Haile Mariam in Äthiopien ein, wo sie bis zu 16 % des Jahreshaushalts der Regierung bereitstellte, während diese eine der schlechtesten Menschenrechtsbilanzen der Welt aufwies. Der Kredit der Weltbank kam gerade zu dem Zeitpunkt, als Mengistus Truppen „die Menschen in Konzentrationslager und Kolchosen trieben". Sie weisen auch darauf hin, dass die Weltbank dem sudanesischen Regime 16 Millionen US-Dollar gab, während es 750.000 Flüchtlinge aus Khartum in die Wüste trieb. Dass sie Hunderte von Millionen US-Dollar an den Iran – eine brutale theokratische Diktatur – und Mosambik gab, dessen Sicherheitskräfte für Folter, Vergewaltigung und Hinrichtungen im Schnellverfahren berüchtigt waren.

In seinem 2011 erschienenen Buch *Defeating Dictators* hat der bekannte ghanaische Entwicklungsökonom George Ayittey eine lange Liste von „Hilfe empfangenden Autokraten" aufgestellt: Paul Biya, Idriss Déby, Lansana Conté, Paul Kagame, Yoweri Museveni, Hun Sen, Islam Karimov, Nursultan Nazarbayev und Emomali Rahmon. Er wies darauf hin, dass der IWF allein an diese neun Tyrannen 75 Milliarden US-Dollar ausgezahlt hat.

Im Jahr 2014 veröffentlichte das Internationale Netzwerk investigativer Journalisten (ICIJ) einen Bericht, in dem behauptet wurde, dass die äthiopische Regierung einen Teil eines 2-Milliarden-US-Dollar-Kredits der Weltbank für die Zwangsumsiedlung von 37.883 indigenen Anuak-Familien verwendet hatte, was 60 % der gesamten Provinz Gambela entsprach.[96] Soldaten „schlugen, vergewaltigten und töteten" Anuak, die sich weigerten, ihre Häuser zu verlassen. Die Gräueltaten waren so schlimm, dass der *Südsudan* den aus dem benachbarten Äthiopien einströmenden Anuak den Flüchtlingsstatus zuerkannte.[97] In einem Bericht von Human Rights Watch heißt es, dass das gestohlene Land anschließend „von der Regierung an Investoren verpachtet" wurde. Dass die Gelder der Weltbank „zur Zahlung der Gehälter von Regierungsbeamten verwendet wurden, die bei der Durchführung der Vertreibungen halfen". Die Weltbank genehmigte neue Finanzmittel für dieses „Dorfentwicklungsprogramm", selbst nachdem Vorwürfe über massive Menschenrechtsverletzungen aufgetaucht waren.

Quelle: Jack E. Kightlinger

Mobutu Sese Seko und Richard Nixon im Weißen Haus, 1973

Es wäre ein Fehler, das Zaire von Mobutu Sese Seko in dieser Studie nicht zu berücksichtigen. Mobutu, der während seiner 32-jährigen blutigen Herrschaft Milliarden von US-Dollar an Krediten der Weltbank und des IWF erhielt, steckte 30 % der eingehenden Hilfe und Unterstützung ein und ließ sein Volk verhungern. Er befolgte elf Strukturanpassungen des IWF. Während einer dieser Anpassungen im Jahr 1984 wurden 46.000 Lehrer entlassen und die Landeswährung um 80 % abgewertet.[98] Mobutu nannte diese Sparmaßnahmen „eine bittere Pille, die wir schlucken müssen", verkaufte aber keinen seiner 51 Mercedes, keines seiner elf Schlösser in Belgien oder Frankreich, nicht einmal seine Boeing 747 oder sein spanisches Schloss aus dem 16. Jahrhundert.

Mehr als 80 % der Bevölkerung lebten in absoluter Armut, da das Pro-Kopf-Einkommen während seiner Herrschaft im Durchschnitt um 2,2 % sank.[99] Kinder starben häufig vor ihrem fünften Lebensjahr und hatten das Syndrom des „geschwollenen Bauches". Es wird angenommen, dass Mobutu persönlich 5 Milliarden US-Dollar gestohlen und weitere 12 Milliarden US-Dollar an Kapitalflucht geleitet hat. Diese Summen zusammen wären zum Zeitpunkt seines Sturzes mehr als genug gewesen, um die Schulden des Landes in Höhe von

14 Milliarden US-Dollar zu tilgen.[100] Er plünderte und terrorisierte sein Volk und hätte dies nicht ohne die Unterstützung der Weltbank und des IWF tun können, die ihm weiterhin Geld zur Verfügung stellten, obwohl es offensichtlich war, dass er seine Schulden niemals zurückzahlen würde.

Das wahre Aushängeschild für die Vorliebe der Weltbank und des IWF für Diktatoren könnte jedoch Ferdinand Marcos sein. Als Marcos 1966 an die Macht kam, hatten die Philippinen eine Auslandsschuld von etwa 500 Millionen US-Dollar und waren das zweitwohlhabendste Land in Asien. Die Schulden von Marcos beliefen sich 1986 auf 28,1 Milliarden US-Dollar.

Wie Graham Hancock in *Händler der Armut* schreibt, waren die meisten dieser Kredite „für extravagante Entwicklungsprojekte aufgenommen worden, die, obwohl sie für die Armen irrelevant waren, dem enormen Ego des Staatschefs dienten [...] eine akribische, zweijährige Untersuchung ergab, dass er persönlich mehr als 10 Milliarden US-Dollar enteignet und aus den Philippinen geschickt hatte. Ein großer Teil dieses Geldes – das natürlich dem philippinischen Staat und Volk zur Verfügung stehen sollte – war für immer auf Schweizer Bankkonten verschwunden."

„100 Millionen US-Dollar", schreibt Hancock, „wurden für die Kunstsammlung von Imelda Marcos bezahlt [...] ihr Geschmack war eklektisch und umfasste sechs alte Meister, die von der Knoedler Gallery in New York für 5 Millionen US-Dollar gekauft wurden, eine Francis-Bacon-Leinwand, die von der Marlborough Gallery in London zur Verfügung gestellt wurde, und eine ‚Madonna mit Kind' von Michelangelo, die von Mario Bellini in Florenz für 3,5 Millionen US-Dollar gekauft wurde."

„Während des letzten Jahrzehnts des Marcos-Regimes", sagt er, „während wertvolle Kunstschätze an Penthouse-Wänden in Manhattan und Paris aufgehängt wurden, hatten die Philippinen einen niedrigeren Ernährungsstandard als jedes andere Land in Asien, mit Ausnahme des vom Krieg zerrissenen Kambodschas."

Um die Unruhen in der Bevölkerung einzudämmen, schreibt Hancock, verbot Marcos Streiks und „die gewerkschaftliche Organisierung in allen Schlüsselindustrien und in der Landwirtschaft. Tausende von Filipinos wurden inhaftiert, weil sie sich der Diktatur widersetzten, und viele wurden gefoltert und getötet. In der Zwischenzeit stand das Land ständig auf der Liste der Hauptempfänger von Entwicklungshilfe der USA und der Weltbank."

Das philippinische Volk musste nach Marcos' Vertreibung jährlich zwischen 40 und 50 % seiner Exporte zahlen, „nur um die Zinsen für die Auslandsschulden von Marcos zu decken".

Nach dem Sturz von Marcos sollte man annehmen, dass das philippinische Volk nicht mehr für die Schulden aufkommen muss, die er in seinem Namen und ohne Rücksprache mit ihm gemacht hat. Jedoch hat dies in der Praxis keinen Erfolg erzielt. Die Idee der „odious debts" (z. Dt. in etwa „abscheulichen Schulden" – Anm. d. Hrsg) wurde theoretisch von den Vereinigten Staaten im Jahr 1898 entwickelt, als sie Kuba Schulden erließen, nachdem sie die spanischen Truppen aus Kuba vertrieben hatten.[101]

Die amerikanischen Staats- und Regierungschefs legten fest, dass Schulden, die „zur Unterwerfung oder Kolonisierung eines Volkes" aufgenommen wurden, nicht rechtmäßig waren. Aber die Weltbank und der IWF haben sich in den fünfundsiebzig Jahren ihrer Tätigkeit nie an diesen Präzedenzfall gehalten. Ironischerweise hat der IWF einen Artikel auf seiner Website, in dem es heißt, dass Somoza, Marcos, Apartheid-Südafrika, Haitis „Baby Doc" und Nigerias Sani Abacha alle unrechtmäßig Milliarden geliehen haben und dass die Schulden für ihre Opfer abgeschrieben werden sollten, aber dieser Vorschlag bleibt unbeachtet.[102]

Technisch und moralisch gesehen sollte ein beträchtlicher Prozentsatz der Schulden der Dritten Welt als „abscheulich" angesehen werden und von der Bevölkerung nicht mehr geschuldet werden, wenn ihr Diktator abgesetzt wird. Schließlich haben die Bürger, die die Kredite zurückzahlen, ihre Führer nicht gewählt und sich nicht dafür entschieden, die Kredite aufzunehmen, die sie gegen ihre Zukunft aufgenommen haben.

Im Juli 1987 hielt der Revolutionsführer Thomas Sankara eine Rede vor der Organisation für Afrikanische Einheit (OAU) in Äthiopien, in der er sich weigerte, die Kolonialschulden Burkina Fasos zu begleichen, und andere afrikanische Staaten aufforderte, sich ihm anzuschließen.[103]

„Wir können nicht zahlen", sagte er, „weil wir nicht für diese Schulden verantwortlich sind."

Sankara boykottierte den IWF und lehnte Strukturanpassungen ab. Drei Monate nach seiner OAU-Rede wurde er von Blaise Compaoré ermordet,[104] der sein eigenes 27-jähriges Militärregime installierte, das vier Strukturanpassungsdarlehen vom IWF[105] erhielt und Dutzende von Krediten bei der Weltbank für verschiedene Infrastruktur- und Landwirtschaftsprojekte aufnahm.[106] Seit Sankaras Tod waren nur wenige Staatsoberhäupter bereit, auf ihre Schulden zu verzichten.

Quelle: AFP / Stringer

Der burkinische Diktator Blaise Compaoré und der geschäftsführende Direktor des IWF, Dominique Strauss-Kahn. Compaoré ergriff nach der Ermordung von Thomas Sankara (der versuchte, westliche Schulden abzulehnen) die Macht und lieh sich daraufhin Milliarden von der Weltbank und dem IWF.

Der Irak war eine besondere Ausnahme: Nach der US-Invasion und dem Sturz von Saddam Hussein im Jahr 2003 konnten die amerikanischen Behörden erreichen, dass ein Teil der Schulden, die Hussein gemacht hatte, als „odious" eingestuft wurde und ihm erlassen wurde.[107] Dies war jedoch ein Einzelfall, da Milliarden von Menschen, die unter Kolonialisten oder Diktatoren gelitten haben und seitdem Schulden und Zinsen bezahlen müssen, diese Sonderbehandlung nicht erhalten haben.

In den letzten Jahren hat der IWF sogar als konterrevolutionäre Kraft gegen demokratische Bewegungen agiert. In den 1990er-Jahren wurde der IWF sowohl von der Linken[108] als auch von der Rechten heftig kritisiert, weil er zur Destabilisierung der ehemaligen Sowjetunion beigetragen hatte, die in wirtschaftliches Chaos und die Diktatur von Wladimir Putin abgestürzt war.[109] Im Jahr 2011, als die Proteste des Arabischen Frühlings im gesamten Nahen Osten ausbrachen, wurde die Deauville-Partnerschaft mit den „arabischen Ländern im Umbruch" ins Leben gerufen und in Paris abgehalten.[110]

Im Rahmen dieses Mechanismus boten Weltbank und IWF Jemen, Tunesien, Ägypten, Marokko und Jordanien – den „arabischen Ländern im Umbruch" – im Gegenzug für Strukturanpassungen massive Kredite an.[111] Infolgedessen schnellte die Auslandsverschuldung Tunesiens in die Höhe und löste zwei neue IWF-Kredite aus, womit das Land zum ersten Mal seit 1988 wieder einen Kredit beim IWF aufgenommen hatte. Die mit diesen Krediten verbundenen Sparmaßnahmen erzwangen eine Abwertung des tunesischen Dinars, was die Preise in die Höhe trieb.[112] Als die Regierung mit Lohnstopps, neuen Steuern und „Frühpensionierungen" im öffentlichen Sektor weiter dem IWF-Drehbuch folgte, kam es zu nationalen Protesten.

Warda Atig, eine 29-jährige Demonstrantin, brachte die Situation auf den Punkt: „Solange Tunesien diese Vereinbarungen mit dem IWF fortsetzt, werden wir unseren Kampf fortsetzen", sagte sie. „Wir glauben, dass die Interessen des IWF und der Menschen im Widerspruch zueinander stehen. Ein Ausstieg aus der Abhängigkeit vom IWF, der Tunesien in die Knie gezwungen und die Wirtschaft zum Stillstand gebracht hat, ist eine Voraussetzung für echte Veränderungen."

Kapitel VII

Aufbau einer landwirtschaftlichen Abhängigkeit

„Die Idee, dass sich die Entwicklungsländer selbst ernähren sollten, ist ein Anachronismus aus einer vergangenen Epoche. Sie könnten ihre Nahrungsmittelversorgung besser sicherstellen, wenn sie sich auf die landwirtschaftlichen Erzeugnisse der USA stützen würden, die in den meisten Fällen zu niedrigeren Kosten erhältlich sind.“
- John Block,
ehemaliger U.S.-Landwirtschaftsminister

Die Politik der Weltbank und des IWF hat dazu geführt, dass Länder in Lateinamerika, Afrika, dem Nahen Osten sowie Süd- und Ostasien, die einst ihre eigenen Nahrungsmittel anbauten, diese nun aus reichen Ländern importieren. Im Nachhinein ist der eigene Lebensmittelanbau wichtig, denn im Finanzsystem nach 1944 werden die Rohstoffpreise nicht in der Landeswährung, sondern in US-Dollar bepreist.

Betrachtet man den Weizenpreis zwischen 1996 und 2006 so lag er zwischen 200 und 300 US-Dollar. Seitdem ist er in die Höhe geschnellt und erreichte 2021 einen Höchststand von fast 1.100 US-Dollar.[113] Wenn ein Land seinen eigenen Weizen anbaute, konnte es den Sturm überstehen. Musste das Land Weizen importieren, drohte der Bevölkerung der Hungertod. Dies ist ein Grund, warum Länder wie Pakistan,[114] Sri Lanka,[115] Ägypten,[116] Ghana[117] und Bangladesch[118] derzeit den IWF um Notkredite bitten.

Wenn die Weltbank in der Vergangenheit Kredite vergab, dann meist für „moderne“, großflächige Monokulturen und für die Rohstoffgewinnung, nicht für die Entwicklung der lokalen Industrie, des verarbeitenden Gewerbes oder der konsumorientierten Landwirtschaft.[119] Die Kreditnehmer wurden ermutigt, sich auf den Export von Rohstoffen (Öl, Mineralien, Kaffee, Kakao, Palmöl, Tee, Kautschuk, Baumwolle usw.) zu konzentrieren, und dann dazu gedrängt, Fertigwaren, Nahrungsmittel und die Zutaten für die moderne Landwirtschaft wie Düngemittel, Pestizide, Traktoren und Bewässerungsmaschinen zu importieren. Das Ergebnis ist, dass Länder wie Marokko am Ende Weizen und Sojaöl importieren, anstatt sich von einheimischem Couscous und Olivenöl zu ernähren, und so zur Abhängigkeit „verdonnert" werden.[120] Die Einnahmen wurden in der Regel nicht für die Landwirte verwendet, sondern für die Bedienung von Auslandsschulden, den Kauf von Waffen, die Einfuhr von Luxusgütern, die Auffüllung von Schweizer Bankkonten und die Niederschlagung von Dissidenten.[121]

Schauen wir uns einige der ärmsten Länder der Welt an. Im Jahr 2020 haben nach fünfzig Jahren Weltbank- und IWF-Politik die Exporte von Niger zu 75 % aus Uran bestanden,[122] von Mali zu 72 % aus Gold,[123] von Sambia zu 70 % aus Kupfer,[124] von Burundi zu 69 % aus Kaffee,[125] von Malawi zu 55 % aus Tabak,[126] von Togo zu 50 % aus Baumwolle[127] und so geht es immer weiter. Diese einzelnen Exporte haben in den letzten Jahrzehnten praktisch die gesamten Hartwährungseinnahmen dieser Länder ausgemacht. Das ist kein natürlicher Zustand. Diese Güter werden nicht für den lokalen Verbrauch abgebaut oder produziert, sondern für französische Atomkraftwerke, chinesische Elektronik, deutsche Supermärkte, britische Zigarettenhersteller und amerikanische Bekleidungsfirmen. Mit anderen Worten: Die Energie der Arbeitskräfte dieser Länder wurde darauf verwendet, andere Zivilisationen zu füttern und mit Energie zu versorgen, anstatt die eigene Zivilisation zu ernähren und voranzubringen.

Die Forscherin Alicia Koren schrieb in Kevin Danahers *50 Years Is Enough* über die typischen Auswirkungen der Weltbankpolitik auf die Landwirtschaft in Costa Rica, wo die „Strukturanpassung des Landes die Erwirtschaftung von mehr harter Währung verlangte, um die Auslandsschulden zu tilgen. Bauern, die traditionell Bohnen, Reis und Mais für den heimischen Verbrauch anbauten, wurden gezwungen, nicht-traditionelle landwirtschaftliche Exportprodukte wie Zierpflanzen, Blumen, Melonen, Erdbeeren und rote Paprika anzubauen [...] Industrien, die ihre Produkte exportierten, kamen in den Genuss von Zoll- und Steuerbefreiungen, die inländischen Erzeugern nicht gewährt wurden."

„In der Zwischenzeit", schreibt Koren, „haben Strukturanpassungsabkommen die Unterstützung für die einheimische Produktion beseitigt [...] während der Norden die Länder des Südens unter Druck setzte, Subventionen und ‚Handelshemmnisse' zu beseitigen, pumpten die Regierungen des Nordens Milliarden von US-Dollar in ihre eigenen Agrarsektoren und machten es den Getreidebauern im Süden unmöglich, mit der hochsubventionierten Agrarindustrie des Nordens zu konkurrieren".

Koren hat ihre Analyse von Costa Rica extrapoliert, um eine allgemeinere Aussage zu treffen: „Strukturanpassungsvereinbarungen verlagern die Subventionen der öffentlichen Hand von der Grundversorgung, die hauptsächlich von den Armen und der Mittelschicht konsumiert wird, auf Luxus-Exportprodukte, die für wohlhabende Ausländer produziert werden." Die Länder der Dritten Welt wurden nicht als Körperschaften, sondern als Unternehmen betrachtet, die ihre Einnahmen erhöhen und ihre Ausgaben senken mussten.

Die Aussage eines ehemaligen jamaikanischen Beamten ist besonders aufschlussreich: „Wir sagten dem Team der Weltbank, dass sich die Landwirte kaum Kredite leisten könnten und dass höhere Zinsen sie aus dem Geschäft drängen würden. Die Bank antwortete uns: ‚Der Markt sagt euch, dass die Landwirtschaft nicht der richtige Weg für Jamaika ist' – sie sagen, wir sollten die Landwirtschaft ganz aufgeben."

„Die Weltbank und der IWF", so der Beamte, „müssen sich keine Sorgen machen, dass die Landwirte und die örtlichen Unternehmen in Konkurs gehen, dass sie Hungerlöhne zahlen müssen oder dass es zu sozialen Unruhen kommt. Sie gehen einfach davon aus, dass es unsere Aufgabe ist, unsere nationalen Sicherheitskräfte stark genug zu halten, um jeden Aufstand zu unterdrücken."

Die Regierungen der Entwicklungsländer sitzen in der Klemme. Angesichts der unüberwindbaren Schuldenlast können sie ihre Einnahmen nur durch Lohnsenkungen erhöhen. Wenn sie das tun, müssen sie Grundnahrungsmittel subventionieren, sonst werden sie gestürzt. Und so wachsen die Schulden.

Selbst wenn Entwicklungsländer versuchen, ihre eigenen Nahrungsmittel zu produzieren, werden sie von einem zentral geplanten, globalen Handelsmarkt verdrängt. Man könnte zum Beispiel meinen, dass Westafrika aufgrund der billigen Arbeitskräfte ein besserer Exporteur von Erdnüssen wäre als die Vereinigten Staaten. Aber da die Länder des Nordens jeden Tag schätzungsweise eine Milliarde US-Dollar an Subventionen an ihre Agrarindustrie zahlen, haben die Länder des Südens oft Mühe, wettbewerbsfähig zu sein.[128] Schlimmer noch, fünfzig oder sechzig Länder werden oft angewiesen, sich auf dieselben Kulturen zu konzentrieren und sich gegenseitig auf dem Weltmarkt zu verdrängen. Kautschuk, Palmöl, Kaffee, Tee und Baumwolle sind die Lieblinge der Weltbank, da die Bevölkerung sie nicht essen können.[129]

Es stimmt, dass die Grüne Revolution mehr Nahrungsmittel für den Planeten geschaffen hat, insbesondere in China und Ostasien.[130] Doch trotz der Fortschritte in der Agrartechnologie geht ein Großteil dieser neuen Erträge in den Export und weite Teile der Welt bleiben chronisch unterernährt und abhängig. Bis heute importieren beispielsweise die afrikanischen Länder etwa 85 % ihrer Nahrungsmittel.[131] Sie zahlen mehr als 40 Milliarden US-Dollar pro Jahr – eine Zahl, die Schätzungen zufolge bis 2025 auf 110 Milliarden US-Dollar pro Jahr ansteigen wird –, um in anderen Teilen der Welt das zu kaufen, was sie selbst anbauen könnten.[132] Die Politik der Weltbank und des IWF hat dazu beigetragen, einen Kontinent mit unglaublichen landwirtschaftlichen Reichtümern, in einen Kontinent zu verwandeln, der von der Außenwelt abhängig ist, um seine Menschen zu ernähren.

In seinen Überlegungen zu den Ergebnissen dieser Politik der Abhängigkeit stellt Graham Hancock die weit verbreitete Ansicht in Frage, dass die Menschen in der Dritten Welt „grundsätzlich hilflos" seien.

„Die Opfer namenloser Krisen, Katastrophen und Unglücke", schreibt er, „leiden unter der Vorstellung, dass sie nichts tun können, wenn wir, die Reichen und Mächtigen, nicht eingreifen, um sie vor sich selbst zu retten." Doch wie die Tatsache beweist, dass unsere

„Hilfe“ sie nur noch abhängiger von uns gemacht hat, entlarvt Hancock die Vorstellung, dass „nur wir sie retten können“, zu Recht als „herablassend und zutiefst trügerisch“.

Weit davon entfernt, die Rolle des barmherzigen Samariters zu spielen, folgt der IWF nicht einmal der zeitlosen menschlichen Tradition, die vor mehr als viertausend Jahren von Hammurabi im alten Babylon begründet wurde, nach Naturkatastrophen Zinsen zu erlassen. Als 1985 Mexiko-Stadt von einem verheerenden Erdbeben heimgesucht wurde, das mehr als fünftausend Menschen tötete und Schäden in Höhe von 5 Milliarden US-Dollar verursachte, kamen die Mitarbeiter des IWF, die sich als Retter ausgeben, die Armut beenden und Krisenländer retten wollen, wenige Tage später und verlangten ihre Rückzahlung.[133]

Kapitel VIII

Du kannst Baumwolle nicht Essen

„Die Entwicklung bevorzugt Pflanzen, die nicht gegessen werden können, um Kredite einzusammeln.“
- Cheryl Payer

Die persönlichen und familiären Erfahrungen der togoischen Demokratieaktivistin Farida Nabourema passen auf tragische Weise in das große Bild, welches die Weltbank und der IWF bisher gezeichnet haben.

Ihrer Beobachtung nach wurden nach dem Ölboom der 1970er-Jahre Kredite an Entwicklungsländer wie Togo vergeben, deren verantwortungslose Herrscher nicht darüber nachdachten, wie sie die Schulden zurückzahlen würden. Ein Großteil des Geldes floss in gigantische Infrastrukturprojekte, von denen die Mehrheit der Bevölkerung nicht profitierte. Vieles wurde veruntreut und für pharaonische Anwesen ausgegeben. Die meisten dieser Länder, sagt sie, seien von Einparteienstaaten oder Familien regiert. Als die Zinssätze zu steigen begannen, konnten diese Regierungen ihre Schulden nicht mehr bezahlen. Der IWF begann, sie durch Sparmaßnahmen zu „übernehmen“.

„Es waren neue Staaten, die sehr fragil waren“, sagt Nabourema in einem Interview für dieses Buch. „Sie mussten stark in die soziale Infrastruktur investieren, so wie es den europäischen Staaten nach dem Zweiten Weltkrieg erlaubt war. Doch stattdessen sind wir von einem Tag auf den anderen von kostenloser Gesundheitsvorsorge und Bildung in eine Situation gekommen, in der es für den Durchschnittsbürger zu teuer wurde, auch nur die Grundversorgung an Medikamenten zu bekommen.“

Was auch immer man von staatlich subventionierter Medizin und Bildung halten mag, ihre Abschaffung von einem Tag auf den anderen war für die armen Länder traumatisch. Die Beamten der Weltbank und des IWF haben natürlich ihre eigenen privaten Gesundheitslösungen für ihre Besuche und eigene Privatschulen für ihre Kinder, wenn sie „vor Ort“ leben müssen.

Wegen der erzwungenen Kürzungen der öffentlichen Ausgaben, so Nabourema, seien die staatlichen Krankenhäuser in Togo bis heute in einem „Zustand völliger Verwahrlosung“. Im Gegensatz zu den staatlichen, vom Steuerzahler finanzierten öffentlichen Krankenhäusern in den Hauptstädten der ehemaligen Kolonialmächte, London und Paris, ist es in Togos Hauptstadt Lomé so schlimm, dass sogar Wasser verschrieben werden muss.

„Es gab auch“, so Nabourema, „eine rücksichtslose Privatisierung unserer öffentlichen Unternehmen.“ Sie erzählt, dass ihr Vater früher bei der togoischen Stahl-Vermittlungsagentur gearbeitet habe. Im Zuge der Privatisierung wurde das Unternehmen für weniger als die Hälfte des Preises, für den der Staat es aufgebaut hatte, an ausländische Akteure verkauft.

„Es war im Grunde ein Flohmarkt“, meint sie.

Nabourema sagt, dass ein marktwirtschaftliches System und liberale Reformen dann gut funktionieren, wenn die Bedingungen für alle gleich sind. Das ist in Togo nicht der Fall, denn das Land ist gezwungen, nach anderen Regeln zu spielen. Egal, wie sehr es sich öffnet, es kann die strikte Politik der USA und Europas nicht ändern, die ihre eigene Industrie und Landwirtschaft aggressiv subventionieren. Nabourema berichtet, wie eine subventionierte Schwemme billiger Altkleider aus Amerika die lokale Textilindustrie Togos ruiniert hat.

„Diese Kleidung aus dem Westen“, sagte sie, „verdrängt Unternehmer aus dem Markt und verschmutzt unsere Strände.“

Am schlimmsten war, dass den Bauern, die in den 1980er-Jahren 60 % der Bevölkerung Togos ausmachten, die Lebensgrundlage entzogen wurde. Die Diktatur brauchte harte Währung, um ihre Schulden zu bezahlen, und das konnte sie nur durch den Verkauf von Exporten erreichen. Mit der Hilfe der Weltbank investierte das

Regime massiv in Baumwolle, die heute 50 % der Exporte des Landes ausmacht und die nationale Ernährungssicherheit zerstört.

In den Gründungsjahren von Ländern wie Togo war die Weltbank der „größte einzelne Kreditgeber für die Landwirtschaft". Ihre Strategie zur Armutsbekämpfung war die Modernisierung der Landwirtschaft: „massive Kapitaltransfers in Form von Düngemitteln, Pestiziden, Erdbewegungsmaschinen und teuren ausländischen Beratern."[134]

Nabouremas Vater war derjenige, der ihr erzählte, wie importierte Düngemittel und Traktoren von den Landwirten für den Anbau von Nahrungsmitteln des täglichen Bedarfs abgezweigt wurden und stattdessen für den Anbau von kommerziellen Nutzpflanzen wie Baumwolle, Kaffee, Kakao und Cashewnüssen verwendet wurden. Wenn jemand Mais, Sorghum oder Hirse – die Grundnahrungsmittel der Bevölkerung – anbaute, erhielt er keinen Zugang.

„Man kann keine Baumwolle essen", erinnert uns Naboureme.

Mit der Zeit wurde die politische Elite in Ländern wie Togo und Benin (wo der Diktator buchstäblich ein Baumwollmogul war)[135] zum Käufer aller kommerziellen Nutzpflanzen von allen Farmen. Nabourema sagt, sie hätten ein Aufkauf-Monopol und kauften die Ernten zu so niedrigen Preisen auf, dass die Bauern kaum Geld verdienen würden. Das ganze System – in Togo *sotoco* genannt – wurde von der Weltbank finanziert.

Wenn die Bauern protestierten, sagt sie, würden sie geschlagen oder ihre Höfe in Schutt und Asche gelegt. Sie hätten ganz normal anbauen und ihre Familien ernähren können, wie sie es seit Generationen getan hätten. Aber jetzt können sie sich nicht einmal mehr das Land leisten. Die politische Elite kauft in ungeheurem Ausmaß Land auf, oft mit illegalen Mitteln, und treibt die Preise in die Höhe.

Als Beispiel erklärt Nabourema, wie das togoische Regime 2.000 Hektar Land beschlagnahmen kann. Anders als in einer liberalen Demokratie (wie in Frankreich, das seine Zivilisation auf dem Rücken von Ländern wie Togo aufgebaut hat) ist die Justiz im Besitz der Regierung, sodass es keine Möglichkeit gibt, dagegen vorzugehen. So sind die Bauern, die früher selbstbestimmt waren, heute gezwungen, auf dem Land anderer zu arbeiten, um Baumwolle für die fernen, reichen Länder zu liefern. Die tragische Ironie sei, so Nabourema, dass Baumwolle überwiegend im Norden Togos angebaut wird, dem ärmsten Teil des Landes.

„Aber wenn man dort hingeht“, sagt sie, „sieht man, dass es niemanden reich gemacht hat.“

Frauen sind die Hauptleidtragenden der Strukturanpassung. Die Frauenfeindlichkeit dieser Politik ist „in Afrika offensichtlich, wo Frauen die wichtigsten Landwirte und Lieferanten von Treibstoff, Holz und Wasser sind“, schreibt Kevin Danaher. Und doch, so heißt es in einem kürzlich erschienenen Bericht, „beschuldigt die Weltbank sie lieber, zu viele Kinder zu haben, als ihre eigene Politik zu überdenken.“

Wie Cheryl Payer schreibt, sind viele der Armen in der Welt arm, „nicht weil sie zurückgelassen oder vom Fortschritt ihres Landes ignoriert wurden, sondern weil sie Opfer der Modernisierung sind. Die meisten von ihnen wurden von den reichen Eliten und der einheimischen oder ausländischen Agrarindustrie von gutem Ackerland verdrängt oder ihres Landes beraubt. Ihr Elend hat sie nicht vom Entwicklungsprozess ‚ausgeschlossen‘, sondern der Entwicklungsprozess war die Ursache ihres Elends.“

„Dennoch“, so Payer, „ist die Bank nach wie vor entschlossen, die landwirtschaftlichen Praktiken der Kleinbauern zu verändern. Aus den politischen Erklärungen der Bank geht klar hervor, dass das eigentliche Ziel darin besteht, das bäuerliche Land in den kommerziellen Sektor zu integrieren, indem ein ‚marktfähiger Überschuss‘ an kommerziellen Nutzpflanzen produziert wird.“

Payer beobachtete, wie noch in den 1970er- und 1980er-Jahren viele Kleinbauern den Großteil ihres Nahrungsmittelbedarfs selbst anbauten und „nicht wie die ‚modernen‘ Menschen fast vollständig vom Markt abhängig waren“. Diese Menschen waren jedoch das Ziel der Weltbankpolitik, die sie zu Überschussproduzenten machte und „diese Umwandlung oft mit autoritären Methoden durchsetzte“.

In einer Aussage vor dem US-Kongress in den 1990er-Jahren bemerkte George Ayittey dass, „wenn Afrika in der Lage wäre, sich selbst zu ernähren, es fast 15 Milliarden US-Dollar einsparen könnte, die es für Lebensmittelimporte verschwendet. Diese Zahl kann mit den 17 Milliarden US-Dollar verglichen werden, die Afrika 1997 an ausländischer Hilfe aus allen verfügbaren Quellen erhalten hat.“

Mit anderen Worten gesagt, wenn Afrika seine eigenen Nahrungsmittel anbauen würde, bräuchte es keine ausländische Hilfe. Aber wenn das der Fall wäre, würden die armen Länder nicht mehr jedes Jahr Lebensmittel im Wert von Milliarden von US-Dollar von den reichen Ländern kaufen, deren Wirtschaft dadurch schrumpfen würde. Deshalb wehrt sich der Westen vehement gegen jede Veränderung.

Kapitel IX

Das Entwicklungsprogramm

Entschuldigt mich, Freunde, ich muss zu meinem Jet
Ich bin auf dem Weg zum Entwicklungsset
Meine Koffer sind gepackt und ich hab' alle Impfungen,
Ich habe Reiseschecks und Pillen für diese gemütlichen Runden!
Das Entwicklungsset ist strahlend und nobel
Unsere Gedanken sind tiefgründig und unsere Vision global
Wir bewegen uns zwar mit den besseren Klassen
Unsere Gedanken jedoch sind immer bei den Massen
In Sheraton Hotels in verstreuten Nationen
Verteufeln wir multinationale Organisationen
Ungerechtigkeit scheint leicht zu protestieren
In sozialen, ruhigen Brennpunktquartieren.
Wir diskutieren Unterernährung bei Fleischspezialitäten
Und planen Hungerdebatten bei Kaffeegesprächen.
Ob asiatische Überschwemmungen oder afrikanische Dürre
Wir stehen jedem Problem mit offenem Mund gegenüber.

So beginnt *The Development Set*,[136] ein Gedicht von Ross Coggins aus dem Jahr 1976, das die paternalistische und zügellose Natur der Weltbank und des IWF auf den Punkt bringt.

Die Weltbank zahlt hohe, steuerfreie Gehälter mit sehr großzügigen Sozialleistungen. Die Mitarbeiter des IWF werden noch besser bezahlt und fliegen traditionell in der First oder Business-Class (je nach Entfernung), keinesfalls aber in der Economy-Class. Sie wohnten in Fünf-Sterne-Hotels und hatten sogar das Privileg, kostenlos mit der Überschall-Concorde zu fliegen. Ihre Gehälter waren im Gegensatz zu denen der von der Strukturanpassung Betroffenen nicht gedeckelt und stiegen stets schneller als die Inflationsrate.

Bis Mitte der 1990er-Jahre durften sich die Hausmeister, die den Hauptsitz der Weltbank in Washington säuberten – zumeist Immigranten aus Ländern, die von der Bank und dem IWF „angepasst" worden waren – nicht einmal gewerkschaftlich organisieren. Im Gegensatz dazu betrug das steuerfreie Gehalt von Christine Lagarde als IWF-Chefin 467.940 US-Dollar plus eine zusätzliche Zulage von 83.760 US-Dollar.[137] Natürlich hat sie während ihrer Amtszeit von 2011 bis 2019 zahlreiche Strukturanpassungen in armen Ländern überwacht, die fast immer mit Steuererhöhungen für die Schwächsten einhergingen.

Graham Hancock stellt fest, dass die Abfindungen bei der Weltbank in den 1980er-Jahren „durchschnittlich eine Viertelmillion US-Dollar pro Person" betrugen. „Als 1987 siebenhundert Manager ihren Job verloren, hätte das Geld für ihre goldenen Fallschirme – 175 Millionen US-Dollar – ausgereicht, um 63.000 Kindern aus armen Familien in Lateinamerika oder Afrika eine vollständige Grundschulausbildung zu finanzieren", stellt er fest.

Nach Angaben des ehemaligen Weltbankpräsidenten James Wolfensohn wurden zwischen 1995 und 2005 mehr als 63.000 Weltbankprojekte in Entwicklungsländern durchgeführt. Allein die Kosten für „Machbarkeitsstudien" sowie Reise- und Unterbringungskosten für Experten aus Industrieländern verschlangen bis zu 25 % der gesamten Hilfe.

Fünfzig Jahre nach der Gründung der Bank und des IWF wurden immer noch 90 % der 12 Milliarden US-Dollar pro Jahr an technischer Hilfe für ausländisches Fachwissen ausgegeben. Im selben Jahr, 1994, stellte George Ayittey fest, dass 80.000 Berater der Weltbank allein in Afrika tätig waren, aber „weniger als 0,01 %" von ihnen Afrikaner waren.[138]

Hancock schreibt: „Die Weltbank, die mehr Geld in mehr Projekte in mehr Entwicklungsländern investiert als jede andere Institution, behauptet, dass sie ‚versucht, die Bedürfnisse der ärmsten Menschen zu erfüllen', aber in keiner Phase des sogenannten ‚Projektzyklus' nimmt sie sich tatsächlich die Zeit, die Armen selbst zu fragen, wie sie ihre Bedürfnisse wahrnehmen [...] die Armen werden völlig aus dem Entscheidungsprozess ausgeschlossen – fast so, als ob sie nicht existierten."

Die Politik der Weltbank und des IWF wird bei Treffen in Luxushotels von Leuten geschmiedet, die nie einen Tag in ihrem Leben in

Armut leben werden. Wie Joseph Stiglitz in seiner eigenen Kritik an der Weltbank und dem IWF argumentiert, „ist die moderne High-tech-Kriegsführung darauf ausgelegt, den physischen Kontakt zu eliminieren. Der Abwurf von Bomben aus 15 km (ca. 50.000 Fuß) Höhe stellt sicher, dass man nicht ‚fühlt', was man tut. Das moderne Wirtschaftsmanagement ist ähnlich. Von seinem Luxushotel aus, kann man rücksichtslos eine Politik durchsetzen, über die man zweimal nachdenken würde, wenn man die Menschen kennen würde, deren Leben man zerstört."[139]

Es ist bemerkenswert, dass die Chefs der Weltbank und des IWF manchmal dieselben Personen sind, die die Bomben abwerfen. Robert McNamara zum Beispiel – jene Person, welche für die meisten Veränderungen in der Geschichte der Weltbank verantwortlich ist,[140] berühmt für die massive Ausweitung ihrer Kreditvergabe und die unvermeidliche Verschuldung armer Länder – war zunächst Vorstandsvorsitzender des Ford-Konzerns, bevor er US-Verteidigungsminister wurde und 500.000 US-Soldaten in den Vietnamkrieg schickte. Nachdem er die Weltbank verlassen hatte, wechselte er direkt in den Vorstand von Royal Dutch Shell.[141] Ein jüngerer Chef der Weltbank war Paul Wolfowitz, einer der Hauptverantwortlichen für den Irakkrieg.

Die Entwickler treffen ihre Entscheidungen weit weg von der Bevölkerung, die die Auswirkungen zu spüren bekommt, und verstecken die Details hinter Bergen von Papierkram, Berichten und euphemistischem Jargon. Wie die alte britische Kolonialverwaltung versteckt sich der Konzern „wie ein Tintenfisch in einer Tintenwolke".

Die produktiven und erschöpfenden Geschichten, die von den Akteuren geschrieben werden, sind Hagiographien. Die menschliche Erfahrung wird ausgeblendet. Ein gutes Beispiel ist eine Studie mit dem Titel *Balance of Payments Adjustment, 1945 to 1986: The IMF Experience*.[142] Der Autor hat sich die Mühe gemacht, das ganze Buch zu lesen. Die Vorteile des Kolonialismus werden völlig ignoriert. Die persönlichen Geschichten und menschlichen Erfahrungen der Menschen, die unter der Politik der Weltbank und des IWF gelitten haben, werden ausgeblendet. Das Elend wird unter unzähligen Diagrammen und Statistiken begraben. Diese Studien, die den Diskurs dominieren, lesen sich so, als ginge es vor allem darum, die Mitarbeiter von Weltbank und IWF nicht zu beleidigen. Sicher, der Tonfall impliziert, dass vielleicht hier und da Fehler gemacht wurden, aber die Absichten der Weltbank und des IWF sind gut. Sie sind hier, um zu helfen.

In einem Beispiel aus der oben genannten Studie wird die Strukturanpassung in Argentinien in den Jahren 1959 und 1960 wie folgt beschrieben: „*Während die Maßnahmen anfangs den Lebensstandard eines großen Teils der argentinischen Bevölkerung senkten*, führten sie in relativ kurzer Zeit zu einer günstigen Handels- und Zahlungsbilanz, einer Zunahme der Devisenreserven, einer starken Verringerung der Steigerungsrate der Lebenshaltungskosten, einem stabilen Wechselkurs und einer Zunahme der in- und ausländischen Investitionen."

Um es mit den Worten eines Laien auszudrücken: Sicher, es gab eine enorme Verarmung der gesamten Bevölkerung, aber hey, wir haben eine bessere Bilanz, mehr Einsparungen für das Regime und mehr Geschäfte mit multinationalen Konzernen.

Die Euphemismen nehmen kein Ende. Die armen Länder werden immer wieder als „Testfälle" bezeichnet. Das Vokabular, der Jargon und die Sprache der Entwicklungsökonomie dienen dazu, zu verbergen, was wirklich geschieht, die grausame Realität mit Begriffen, Prozessen und Theorien zu verschleiern und zu vermeiden, dass der zugrundeliegende Mechanismus benannt wird: die reichen Länder, die den armen Ländern Ressourcen entziehen und mit zweierlei Maß messen, die ihre Bevölkerung bereichern, während anderswo die Menschen verarmen.

Der Höhepunkt der Beziehungen von Weltbank und IWF zu den Entwicklungsländern ist ihre Jahrestagung in Washington, D. C. – ein großes Fest der Armut im reichsten Land der Erde.

„Über Bergen von schön zubereiteten Speisen", schreibt Hancock, „werden riesige Mengen an Geschäften abgewickelt, während sich schwindelerregende Zurschaustellungen von Dominanz und Prahlerei mit leeren und bedeutungslosen Reden über die Not der Armen vermischen."

„Die 10.000 Männer und Frauen, die an der Konferenz teilnehmen", schreibt er, „werden [ihre] edlen Ziele kaum erreichen, wenn sie in den Plenarsitzungen nicht gerade gähnen oder schlafen, werden sie bei einer Reihe von Cocktails, Mittagessen, Nachmittagstees,

Abendessen und Mitternachtsimbissen anzutreffen sein, die so üppig sind, dass selbst der umweltbewussteste Feinschmecker satt wird. Die Gesamtkosten für die 700 gesellschaftlichen Veranstaltungen, die für die Delegierten in einer einzigen Woche [1989] organisiert wurden, wurden auf 10 Millionen US-Dollar geschätzt – eine Summe, die vielleicht ‚den Bedürfnissen der Armen' besser gedient hätte, wenn sie auf andere Weise ausgegeben worden wäre."

Das war vor dreiunddreißig Jahren und man kann sich nur vorstellen, was diese Partys im heutigen US-Dollar kosten.

In seinem Buch *Der Fiat-Standard* hat Saifedean Ammous einen anderen Namen für die Entwicklungsindustrie – die Elendsindustrie. Seine Beschreibung ist es wert, ausführlich zitiert zu werden:

„Wenn die Planung der Weltbank unweigerlich scheitert und die Schulden nicht zurückgezahlt werden können, kommt der IWF ins Spiel, um die säumigen Länder zu erpressen, ihre Ressourcen zu plündern und die Kontrolle über ihre politischen Institutionen zu übernehmen. Es ist eine symbiotische Beziehung zwischen den beiden parasitären Organisationen, die den Mitarbeitern der Elendsindustrie viel Arbeit, Einkommen und Reisen verschafft – auf Kosten der armen Länder, die das alles mit Krediten bezahlen müssen."

„Je mehr man darüber liest", schreibt Ammous, „desto mehr wird einem klar, wie katastrophal es war, dieser Klasse von mächtigen, aber nicht rechenschaftspflichtigen Bürokraten eine endlose Linie von Fiat-Krediten zu gewähren und sie auf die Armen der Welt loszulassen. Dieses Arrangement erlaubt es nichtgewählten Ausländern, die dabei nichts zu verlieren haben, die Wirtschaften ganzer Nationen zu kontrollieren und zentral zu planen […] Die indigene Bevölkerung wird von ihrem Land vertrieben, private Unternehmen werden geschlossen, um Monopolrechte zu schützen, Steuern werden erhöht und Eigentum wird beschlagnahmt […] Unter der Schirmherrschaft der IFIs bekommen internationale Konzerne steuerfreie Verträge, während die lokalen Produzenten immer höhere Steuern zahlen und unter Inflation leiden, um die fiskalische Inkontinenz ihrer Regierungen auszugleichen."

„Als Teil der Schuldenerlasse, die sie mit der Elendsindustrie unterzeichnet haben", fährt er fort, „wurden die Regierungen aufgefordert, einige ihrer wertvollsten Vermögenswerte zu verkaufen.

Dazu gehörten staatliche Unternehmen, aber auch natürliche Ressourcen und ganze Landstriche. Der IWF versteigerte diese in der Regel an multinationale Konzerne und handelte mit den Regierungen aus, dass diese von lokalen Steuern und Gesetzen befreit würden. Nachdem sie die Welt jahrzehntelang mit weichen Krediten überschwemmt hatten, fungierten die IFIs in den 1980er-Jahren als Zwangsenteigner. Sie durchwühlten die Trümmer der Länder der Dritten Welt, die durch ihre Politik verwüstet worden waren, und verkauften alles, was wertvoll war, an multinationale Konzerne, denen sie wiederum in den Trümmerhaufen, in welchen sie tätig waren, Schutz vor dem Gesetz gewährten. Diese umgekehrte Robin-Hood-Umverteilung war die unvermeidliche Folge der Dynamik, die entstand, als diese Organisationen mit weichem Geld ausgestattet wurden."

„Indem der IWF sicherstellt, dass die ganze Welt am US-Dollar-Standard festhält", folgert Ammous, „garantiert er den USA, dass sie weiterhin ihre inflationäre Geldpolitik betreiben und ihre Inflation weltweit exportieren können. Nur wenn man den großen Diebstahl im Herzen des globalen Währungssystems versteht, kann man die Notlage der Entwicklungsländer verstehen."

Kapitel X

Weisse Elefanten

***„Was Afrika machen muss,
ist wachsen, herauswachsen
aus den Schulden.“***
- George Ayittey

Mitte der 1970er-Jahre war den westlichen Entscheidungsträgern und insbesondere dem Präsidenten der Weltbank, Robert McNamara, klar, dass die armen Länder ihre Schulden nur mit noch mehr Schulden zurückzahlen konnten.[143]

Während der IWF seine Kreditvergabe stets mit Strukturanpassung verknüpfte, vergab die Weltbank in den ersten Jahrzehnten projekt- oder sektorspezifische Kredite ohne zusätzliche Auflagen. Dies änderte sich während der Amtszeit McNamaras, als weniger spezifische Strukturanpassungskredite bei der Weltbank populär wurden und in den 1980er-Jahren sogar dominierten.

Der Grund war einfach: Die Weltbankmitarbeiter hatten viel mehr Geld zum Verleihen und es war einfacher, große Summen zu verteilen, wenn das Geld nicht an bestimmte Projekte gebunden war. Wie Cheryl Payer feststellt, konnten durch die Strukturanpassungsdarlehen „doppelt so viele US-Dollar pro Arbeitswoche der Mitarbeiter“ ausgezahlt werden.

Die Kreditnehmer, sagt Graham Hancock, könnten nicht glücklicher sein. „Korrupte Finanzminister und diktatorische Präsidenten aus Asien, Afrika und Lateinamerika stolperten in ihrer unangemessenen Eile, sich anzupassen, über ihre eigenen teuren Schuhe. Für sie war es wohl noch nie so einfach, an Geld zu kommen. Da es keine komplizierten Projekte zu verwalten und keine unordentlichen Bücher zu führen gab, lachten sich die Käuflichen, Grausamen und Abscheulichen buchstäblich ins Fäustchen. Für sie war die Strukturanpassung wie ein wahr gewordener Traum. Persönliche Opfer wurden ihnen nicht abverlangt. Alles, was sie tun mussten, – erstaunlich, aber wahr – war, die Armen zu betrügen."

Neben den „allgemeinen" Strukturanpassungsdarlehen bestand die andere Möglichkeit, große Summen auszugeben, in der Finanzierung einzelner Großprojekte. Diese wurden als „weiße Elefanten" bekannt, deren Kadaver noch heute in den Wüsten, Bergen und Wäldern der Entwicklungsländer liegen. Diese Ungetüme waren berüchtigt für ihre Verwüstung von Mensch und Umwelt.

Ein gutes Beispiel dafür sind die 1972 in Zaire gebauten, milliardenschweren Inga-Staudämme, deren von der Weltbank finanzierte Architekten die Ausbeutung der an Bodenschätzen reichen Provinz Katanga mit Strom versorgten, ohne die vielen Dorfbewohner, die noch mit Öllampen arbeiteten, mit Transformatoren zu versorgen.[144] Oder die Tschad-Kamerun-Pipeline in den 1990er-Jahren. Dieses 3,7 Milliarden US-Dollar teure, von der Weltbank finanzierte Projekt wurde ausschließlich dazu gebaut, Ressourcen aus dem Boden zu holen, um die Diktatur von Idriss Déby und ihre ausländischen Kollaborateure zu bereichern, ohne dass die Bevölkerung davon profitierte.[145] Zwischen 1979 und 1983 führten die von der Weltbank finanzierten Wasserkraftprojekte „zur unfreiwilligen Umsiedlung von mindestens 400.000 bis 450.000 Menschen auf vier Kontinenten."

Hancock beschreibt in *Händler der Armut* viele solcher weißen Elefanten. Ein Beispiel ist der Singrauli Strom- und Kohlebergbaukomplex im indischen Bundesstaat Uttar Pradesh, der von der Weltbank mit fast einer Milliarde US-Dollar finanziert wurde.

Quelle: Ramkesh Patel Rosehubwiki

Die Kohlefelder von Singrauli

Hancock schreibt: „Hier waren 300.000 arme Landbewohner häufigen Zwangsumsiedlungen aufgrund der ‚Entwicklung' ausgesetzt, als neue Minen und Kraftwerke eröffnet wurden […] das Land war völlig zerstört und glich Szenen aus den unteren Ebenen von Dantes Inferno. Enorme Staubmengen und jede Art von Luft- und Wasserverschmutzung führten zu enormen Gesundheitsproblemen. Tuberkulose grassierte, die Trinkwasserversorgung war zerstört und die gegen Chloroquin resistente Malaria wütete. An Stelle einst blühender Dörfer und Weiler traten unsägliche Hütten und Baracken am Rande riesiger Infrastrukturprojekte […] manche Menschen lebten in den Tagebauen. Mehr als 70.000 Bauern, die sich zuvor selbst versorgt hatten, hatten keine andere Wahl, als die Demütigung einer befristeten Beschäftigung in Singrauli für einen Lohn von etwa 70 Cent pro Tag zu akzeptieren, was selbst in Indien unter dem Existenzminimum liegt."

Hancock beschreibt einen riesigen Staudamm namens Chixoy in Guatemala, der mit Unterstützung der Weltbank im Hochland der Maya gebaut wurde.

„Ursprünglich waren die Baukosten auf 340 Millionen US-Dollar geschätzt worden", schreibt er, „bis zur Eröffnung des Staudamms im Jahr 1985 waren sie auf eine Milliarde US-Dollar angestiegen […] Das Geld wurde der guatemaltekischen Regierung von einem Konsortium unter Führung der Weltbank geliehen […]. Die Militärregierung von General Romero Lucas Arica, die während des größten Teils der Bauphase an der Macht war und den Vertrag mit der Weltbank unterzeichnete, wurde von politischen Analysten als die korrupteste Regierung in der Geschichte eines zentralamerikanischen Landes angesehen, in einer Region, die von mehr als genug käuflichen und unehrlichen Regimen heimgesucht wurde […] Mitglieder der Junta steckten etwa 350 Millionen US-Dollar von der für Chixoy bereitgestellten 1 Milliarde US-Dollar in die eigene Tasche."

Als letztes Beispiel in diesem Kapitel beschreibt Hancock eines der schädlichsten Projekte der Weltbank in Brasilien, ein „massives Kolonisierungs- und Umsiedlungsprogramm", bekannt als Polonoroeste. Bis 1985 hatte die Weltbank 434,3 Millionen US-Dollar für diese Initiative bereitgestellt, die letztlich dazu führte, dass „arme Menschen zu Flüchtlingen im eigenen Land wurden".

Das Programm „veranlasste Hunderttausende von Bedürftigen, aus den zentralen und südlichen Provinzen Brasiliens auszuwandern und sich als Bauern im Amazonasbecken niederzulassen“, um dort kommerzielle Nutzpflanzen anzubauen. „Das Geld der Bank“, schrieb Hancock, „bezahlte den schnellen Ausbau der BR-364-Autobahn, die ins Herz der nordwestlichen Provinz Rondonia führt. Alle Siedler fuhren auf dieser Straße zu ihren Farmen. Um den Bau dieser zu ermöglichen, wurde der Dschungel abgeholzt und abgebrannt [...] 1982 waren bereits 4 % von Rondonia abgeholzt, 1985 waren es 11 %. Untersuchungen der NASA aus dem Weltraum haben gezeigt, dass sich die abgeholzte Fläche etwa alle zwei Jahre verdoppelt.“

Als Folge des Projekts wurden 1988 „tropische Wälder, auf einer Fläche größer als Belgien, von Siedlern abgebrannt“. Hancock stellt auch fest, dass „schätzungsweise mehr als 200.000 Siedler mit einem besonders virulenten Malariastamm infiziert sind, der im Nordwesten endemisch ist und gegen den sie keine Resistenz haben“.

Diese grotesken Projekte waren das Ergebnis eines massiven Wachstums der Kreditinstitute, einer Entfremdung der Gläubiger von den tatsächlichen Orten, an die sie Kredite vergaben, und der Verwaltung durch lokale Autokraten, die keine Rechenschaft ablegten und auf diese Weise Milliarden in die eigene Tasche steckten. Sie waren das Ergebnis einer Politik, die darauf abzielte, den Ländern der Dritten Welt so viel Geld wie möglich zu leihen, um das Schulden-Ponzi-Schema am Laufen zu halten und den Fluss der Ressourcen von Süden nach Norden aufrechtzuerhalten. Das schlimmste Beispiel von allen ist vielleicht Indonesien.

Kapitel XI

Eine real gewordene Pandora: die Ausbeutung von West-Papua

„Du willst einen fairen Deal, dann bist du auf dem falschen Planeten.“
- Jake Sully

Die Insel Neuguinea ist unvorstellbar reich an Ressourcen. Sie beherbergt unter anderem den drittgrößten tropischen Regenwald der Welt nach Amazonien und Kongo,[146] die größte Gold- und Kupfermine der Welt in Grasberg im Schatten des 4.800 Meter hohen „Seven Summit“ von Puncak Jaya und vor der Küste das Korallendreieck, ein tropisches Meer, das für seine „unvergleichliche“ Vielfalt an Korallenriffen bekannt ist.[147]

Und doch gehören die Menschen auf der Insel, insbesondere die Bewohner der Westhälfte, die die Größe Kaliforniens hat und unter indonesischer Kontrolle steht, zu den Ärmsten der Welt. Der Ressourcen-Kolonialismus ist seit Langem ein Fluch für die Bewohner dieses Gebiets, das als West-Papua bekannt ist. Egal, ob die Plünderung von den Niederländern oder in den letzten Jahrzehnten von der indonesischen Regierung begangen wurde, die Imperialisten haben großzügige Unterstützung von der Weltbank und dem IWF erhalten.

In diesem Buch wurde bereits erwähnt, dass einer der ersten Kredite der Weltbank an die Niederlande ging, die damit versuchten, ihr Kolonialreich in Indonesien zu erhalten. Im Jahr 1962 wurde das kaiserliche Holland schließlich besiegt und gab die Kontrolle über West-Papua an die Regierung Sukarno ab, als Indonesien unabhängig wurde.[148] Die Papuas (auch Irianer genannt) wollten jedoch ihre eigene Freiheit.

Im Laufe dieses Jahrzehnts, als der IWF der indonesischen Regierung mehr als 100 Millionen US-Dollar zur Verfügung stellte, wurden Papuas aus Führungspositionen entfernt. 1969 führte Jakarta den „Act of Free Choice" durch, eine Abstimmung, bei der 1.025 Menschen zusammengetrieben und gezwungen wurden, vor bewaffneten Soldaten abzustimmen, ein Ereignis, bei dem George Orwells Ozeanien erröten würde.[149] Das Ergebnis, Indonesien beizutreten, war einstimmig und die Abstimmung wurde von der UN-Generalversammlung ratifiziert.[150] Daraufhin hatten die Einheimischen kein Mitspracherecht bei der Durchführung von „Entwicklungsprojekten". Öl, Kupfer und Holz wurden in den folgenden Jahrzehnten auf der Insel abgebaut, ohne dass die Papuas daran beteiligt waren, außer als Zwangsarbeiter.[151]

Die Minen, Autobahnen und Häfen in West-Papua wurden nicht zum Wohle der Bevölkerung gebaut, sondern um die Insel so effizient wie möglich ausplündern zu können. Wie Cheryl Payer bereits 1974 beobachten konnte, trug der IWF dazu bei, Indonesiens enormen natürlichen Ressourcen in „Hypotheken für eine unbestimmte Zukunft zu verwandeln, um eine unterdrückerische Militärdiktatur zu subventionieren und Importe zu bezahlen, die den verschwenderischen Lebensstil der Generäle in Jakarta unterstützten."

Ein Artikel aus dem Jahr 1959 über Goldfunde in der Region markiert den Beginn der Geschichte der späteren Grasberg-Mine, dem größten und profitabelsten Kupfer- und Goldproduzenten der Welt.[152] Im Jahr 1972 unterzeichnete das in Phoenix ansässige Unternehmen Freeport einen Vertrag mit dem indonesischen Diktator Suharto, um in West-Papua Gold und Kupfer abzubauen, ohne die Zustimmung der indigenen Bevölkerung einzuholen. Bis 2017 kontrollierte Freeport 90 % der Anteile an dem Projekt, 10 % gehörten der indonesischen Regierung und 0 % den Stämmen der Amungme und Kamoro, die das Gebiet eigentlich bewohnen.

Quelle: www.sika.com

Die Grasberg-Mine

Wenn die Schätze von Grasberg von der Freeport Corporation vollständig abgebaut sind, wird das Projekt etwa 6 Milliarden Tonnen Bergbauabfälle erzeugt haben. Mehr als doppelt so viel Gestein wie für den Bau des Panamakanals abgebaut wurde.[153]

Die Ökosysteme flussabwärts der Mine sind seither verwüstet und des Lebens beraubt worden, da mehr als eine Milliarde Tonnen Bergbauabfälle „direkt in einen Dschungelfluss in einer der letzten unberührten Landschaften der Welt" gekippt wurden. Satellitenberichte zeigen die Verwüstung, die durch die fortlaufende Ablagerung von mehr als 200.000 Tonnen giftiger Abfälle pro Tag, in einem Gebiet angerichtet wird, das den Lorentz-Nationalpark, ein Weltkulturerbe, umfasst.[154] Freeport ist nach wie vor der größte ausländische Steuerzahler in Indonesien und der größte Arbeitgeber in West-Papua. Freeport plant, solange zu bleiben, bis das Gold zu Ende geht, was ungefähr im Jahr 2040 sein wird.[155]

Wie die Weltbank in ihrem eigenen Bericht über die Region unverblümt schreibt, „die internationalen Geschäftsinteressen wollen eine bessere Infrastruktur, um die nicht erneuerbaren Bodenschätze und Wälder abzubauen und zu exportieren".[156]

Das bei Weitem schockierendste Programm, das die Weltbank in West-Papua finanzierte, war die „Transmigration", ein Euphemismus für Siedlerkolonialismus. Mehr als ein Jahrhundert lang träumten die Machthaber auf Java (wo der größte Teil der indonesischen Bevölkerung lebt) davon, große Teile der Javaner auf weiter entfernte Inseln des Archipels umzusiedeln. Nicht nur, um sich zu verteilen, sondern auch, um das Gebiet ideologisch zu „vereinheitlichen". In einer Rede aus dem Jahr 1985 sagte der Minister für Transmigration, dass „wir durch die Transmigration versuchen werden, [...] alle ethnischen Gruppen in eine Nation, die indonesische Nation, zu integrieren [...] Die verschiedenen ethnischen Gruppen werden auf lange Sicht durch die Integration verschwinden [...] es wird eine Art von Mensch geben."

Die als *Transmigrasi* bekannte Umsiedlung von Javanern begann bereits während der Kolonialzeit, aber in den 1970er- und 1980er-Jahren fing die Weltbank an, diese Aktivitäten aggressiv zu finanzieren. Die Weltbank stellte der Suharto-Diktatur Hunderte von Millionen US-Dollar zur Verfügung, um Millionen von Menschen nach Osttimor und West-Papua „umzusiedeln", was als die „größte Umsiedlungsaktion der Welt" bezeichnet wurde. Bis 1986 hatte die Weltbank nicht weniger als 600 Millionen US-Dollar direkt zur Unterstützung der Umsiedlung bereitgestellt, die „eine atemberaubende Kombination von Menschenrechtsverletzungen und Umweltzerstörung" mit sich brachte.

Erinnern wir uns an die Geschichte der Sago-Palme, eines der wichtigsten traditionellen Nahrungsmittel der Papua.[157] Ein einziger Baum konnte eine Familie sechs bis zwölf Monate ernähren. Aber die indonesische Regierung kam auf Anraten der Weltbank und sagte: Nein, das geht nicht, ihr müsst Reis essen. Also wurden die Sago-Gärten abgeholzt, um Reis für den Export anzubauen und die Einheimischen waren gezwungen, Reis auf dem Markt zu kaufen, was sie noch abhängiger von Jakarta machte.

Jeder Widerstand wurde brutal niedergeschlagen. Vor allem unter Suharto, der bis zu 100.000 politische Gefangene inhaftierte, aber auch heute, im Jahr 2022, ist West-Papua ein Polizeistaat, der seinesgleichen sucht.[158] Ausländische Journalisten sind praktisch verboten, es gibt keine Meinungsfreiheit und das Militär operiert ohne jegliche Rechenschaftspflicht. Nichtregierungsorganisationen wie Tapol dokumentieren eine Vielzahl von Menschenrechtsverletzungen,[159] die von der massenhaften Überwachung persönlicher Geräte, über Einschränkungen, wann und aus welchem Grund Menschen ihr

Haus verlassen dürfen, bis hin zu Vorschriften, wie Papuas ihr Haar tragen dürfen, reichen.[160]

Zwischen 1979 und 1984 wurden etwa 59.700 Transmigranten mit „groß angelegter" Unterstützung der Weltbank nach West-Papua gebracht. Mehr als 20.000 Papuas flohen vor der Gewalt ins benachbarte Papua-Neuguinea. Die Flüchtlinge berichteten den internationalen Medien, dass „ihre Dörfer bombardiert, ihre Siedlungen niedergebrannt, Frauen vergewaltigt, Vieh getötet und viele Menschen wahllos erschossen wurden, während andere inhaftiert und gefoltert wurden".

Ein Folgeprojekt, das 1985 mit einem Darlehen der Weltbank in Höhe von 160 Millionen US-Dollar unterstützt wurde, trug die Bezeichnung „Transmigration V". Als siebtes von der Weltbank finanziertes Projekt zur Unterstützung des Siedlerkolonialismus sollte es die Umsiedlung von 300.000 Familien zwischen 1986 und 1992 finanzieren.[161] Der damalige Gouverneur von West-Papua bezeichnete die einheimische Bevölkerung als „in der Steinzeit lebend" und forderte, weitere 2 Millionen javanische Migranten auf die Inseln zu schicken, damit „die rückständigen Einheimischen sich mit den Neuankömmlingen vermischen und so eine neue Generation von Menschen ohne Locken hervorbringen können".

Survival International wurde sowohl die ursprüngliche als auch die endgültige Fassung des Transmigration-V-Darlehensvertrags übermittelt. Die ursprüngliche Fassung enthielt „einen ausführlichen Verweis auf die Politik der Bank in Bezug auf indigene Völker und eine Liste von Maßnahmen, die erforderlich wären, um diese Politik einzuhalten", aber die endgültige Fassung enthielt „keinen Verweis auf die Politik der Bank".[162]

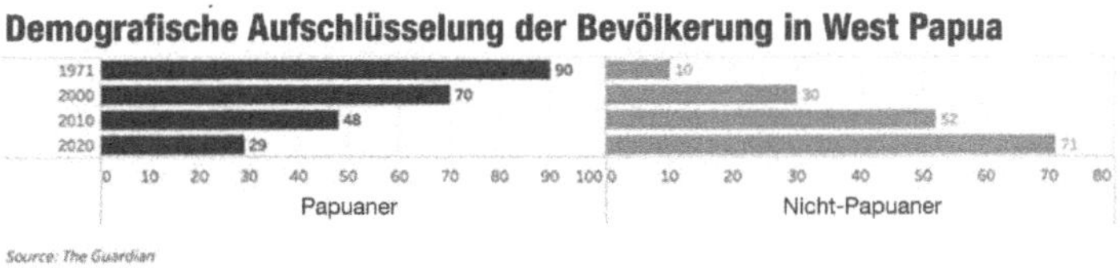

Kultureller Völkermord in West-Papua

Transmigration V stieß auf Budgetprobleme und wurde gekürzt, aber letztendlich wurden 161.600 Familien umgesiedelt, was 14.146 Arbeitsmonate der Weltbank kostete. Die Weltbank hat eindeutig einen kulturellen Völkermord finanziert. Heute machen die Papuas nicht mehr als 30 % der Bevölkerung des Gebiets aus.[163] Aber Social Engineering war nicht das einzige Ziel, das die Weltbank mit ihren Geldern verfolgte – 17 % der Gelder für die Umsiedlungsprojekte wurden Schätzungen zufolge von Regierungsbeamten gestohlen.[164]

Fünfzehn Jahre später, am 11. Dezember 2001, genehmigte die Weltbank ein Darlehen in Höhe von 200 Millionen US-Dollar zur „Verbesserung der Straßenverhältnisse" in West-Papua und anderen Teilen Ostindonesiens.[165] Das Projekt mit der Bezeichnung EIRTP zielte darauf ab, „den Zustand der Nationalstraßen und anderer strategischer Verkehrsadern zu verbessern, um die Transportkosten zu senken und eine zuverlässigere Verbindung zwischen den Provinzzentren, den regionalen Entwicklungs- und Produktionsgebieten und anderen wichtigen Verkehrseinrichtungen zu schaffen. Die Senkung der Transportkosten", so die Weltbank, „wird dazu beitragen, die Input-Preise zu senken, die Output-Preise zu erhöhen und die Wettbewerbsfähigkeit der lokalen Produkte aus den betroffenen Gebieten zu steigern." Mit anderen Worten: Die Weltbank half dabei, die Ressourcen so effizient wie möglich zu fördern.

Die Geschichte der Weltbank und des IWF in Indonesien ist so ungeheuerlich, dass man meinen könnte, sie stamme aus einer anderen, längst vergangenen Zeit. Aber das stimmt einfach nicht. Zwischen 2003 und 2008 finanzierte die Weltbank die die Erschließung von Palmölgebieten in Indonesien mit fast 200 Millionen US-Dollar und beauftragte private Unternehmen, die angeblich „Feuer einsetzten, um Primärwälder abzuholzen und Land, das indigenen Völkern gehörte, ohne ordnungsgemäße Verfahren, zu beschlagnahmen".[166]

Im Jahr 2023 bleibt die indonesische Regierung für das EIRTP-Darlehen am längeren Hebel. In den vergangenen fünf Jahren hat die Weltbank von der indonesischen Regierung und den Steuerzahlern 70 Millionen US-Dollar an Zinsen kassiert und das alles für ihre Bemühungen, den Abbau von Ressourcen auf Inseln wie West-Papua zu beschleunigen.[167]

Kapitel XII

Das grösste Ponzi-Schema der Welt

„Länder gehen nicht bankrott.“
- Walter Wriston,
ehemaliger Vorsitzender der Citibank

Man könnte den Bankrott als einen wichtigen und sogar wesentlichen Bestandteil des Kapitalismus betrachten. Aber der IWF existiert im Grunde, um zu verhindern, dass der freie Markt so funktioniert, wie er es normalerweise tun würde. Er rettet Länder, die normalerweise bankrottgehen würden, und zwingt sie stattdessen, sich noch tiefer zu verschulden.

Der IWF macht das Unmögliche möglich. Kleine, arme Länder sind so hoch verschuldet, dass sie niemals alle Schulden zurückzahlen können. Diese Rettungsaktionen korrumpieren die Anreize des globalen Finanzsystems. In einem echten freien Markt hätte eine riskante Kreditvergabe ernsthafte Konsequenzen. Die kreditgebende Bank würde ihr Geld verlieren.

Als die Vereinigten Staaten, Europa oder Japan ihre Einlagen bei der Weltbank und dem IWF tätigten, kam dies dem Kauf einer Versicherung gleich, welche sie befähigte, den Entwicklungsländern Reichtum zu entziehen. Ihre Privatbanken und multinationalen Konzerne sind durch das Rettungsprogramm geschützt und obendrein verdienen sie ansehnliche, stetige Zinsen (die von den armen Ländern bezahlt werden) für das, was allgemein als humanitäre Hilfe angesehen wird.

Der exponentielle Anstieg der Schulden der Dritten Welt

Wie David Graeber im Buch *Schulden* schreibt, haben die Banken „in den späten 1970er-Jahren den Diktatoren in Bolivien und Gabun Geld geliehen. Sie vergaben völlig unverantwortliche Kredite, wohl wissend, dass Politiker und Bürokraten, sobald bekannt wurde, dass sie dies getan hatten, dafür sorgen würden, dass sie die Kredite trotzdem zurückbekommen würden, egal wie viele Menschenleben dafür ruiniert und zerstört werden mussten."

Kevin Danaher beschreibt die Spannungen, die sich in den 1960er-Jahren abzuzeichnen begannen: „Die Kreditnehmer fingen an, jährlich mehr an die Bank zurückzuzahlen, als diese an neuen Krediten auszahlte. In den Jahren 1963, 1964 und 1969 überwies Indien mehr Geld an die Weltbank, als die Bank ihm auszahlte." Technisch gesehen zahlte Indien seine Schulden plus Zinsen zurück, aber die Führung der Weltbank sah eine Krise.

„Um das Problem zu lösen", so Danaher weiter, erhöhte Weltbankpräsident Robert McNamara die Kreditvergabe „in einem phänomenalen Tempo von 953 Millionen US-Dollar im Jahr 1968 auf 12,4 Milliarden US-Dollar im Jahr 1981". Auch die Zahl der IWF-Kreditprogramme „hat sich von 1976 bis 1983 mehr als verdoppelt", meist für arme Länder.[168] Die Zusicherungen der Weltbank und des IWF veranlassten die großen Finanzinstitute der Welt sowie Hunderte von regionalen und lokalen Banken in den Vereinigten Staaten und Europa – „die meisten von ihnen mit wenig oder gar keiner Vorgeschichte in der Kreditvergabe an das Ausland" – zu einer beispiellosen Kreditvergabe.

Die Schuldenblase der Dritten Welt platzte schließlich 1982, als Mexiko einen Zahlungsausfall ankündigte. In der offiziellen IWF-Geschichte heißt es: „Die Privatbankiers sahen die gefürchtete Möglichkeit einer weit verbreiteten Ablehnung von Schulden, wie sie in den 1930er-Jahren aufgetreten war. Damals bestanden die Schulden der Schuldnerländer gegenüber den Industrieländern hauptsächlich in Form von Wertpapieren, die von den Schuldnerländern in den USA ausgegeben wurden und in Form von Anleihen, die im Ausland verkauft wurden. In den 1980er-Jahren bestanden die Schulden fast ausschließlich in Form von kurz- und mittelfristigen Krediten von Geschäftsbanken in den Industriemitgliedern. Die Währungsbehörden der Industrieländer erkannten sofort die Dringlichkeit des Problems, das sich für das weltweite Bankensystem stellte."[169]

Mit anderen Worten: Die Gefahr bestand darin, dass die westlichen Banken Löcher in ihren Bilanzen haben würden, *nicht* dass Millionen von Menschen in armen Ländern an den Folgen der Sparprogramme sterben würden. In ihrem Buch Sie sterben an unserem Geldzeigt die Kritikerin der Entwicklungshilfe Susan George, wie die neun größten US-Banken mehr als 100 % ihres Eigenkapitals in „Kredite allein an Mexiko, Brasilien, Argentinien und Venezuela" gesteckt hatten. Die Krise konnte jedoch abgewendet werden, weil der IWF dazu beitrug, dass Kredite an Dritte-Welt-Länder flossen, die eigentlich hätten bankrottgehen müssen.

„Vereinfacht gesagt", so eine technische Analyse zum IWF, „bieten seine Programme Rettungsmaßnahmen für private Kreditgeber in Schwellenländern an, sodass internationale Gläubiger von der Kreditvergabe im Ausland profitieren können, ohne die damit verbundenen Risiken in vollem Umfang tragen zu müssen. Die Banken erzielen beträchtliche Gewinne, wenn die Kreditnehmer ihre Schulden zurückzahlen, und vermeiden Verluste, wenn es zu einer Finanzkrise kommt".[170]

Zwischen 1982 und 1985 litten die Bürger Lateinamerikas unter der Strukturanpassung. Susan George berichtete, dass „trotz des übermäßigen Engagements in Lateinamerika die von den neun großen Banken erklärten Dividenden im gleichen Zeitraum um mehr als ein Drittel gestiegen sind."[171] Die Gewinne stiegen in dieser Zeit um 84 % bei Chase Manhattan und um 66 % bei World Banker's Trust und der Aktienwert stieg um 86 % bei Chase und um 83 % bei Citicorp.

Sie schreibt: „Es ist klar, dass Sparpolitik nicht der richtige Begriff ist, welcher die Erfahrungen seit 1982 von der ‚Dritten-Welt-Elite' oder den internationalen Banken beschreibt. Diese beide Parteien unterzeichneten jedoch in erster Linie die Kredite."

Die „Großzügigkeit" des Westens ermöglichte es verantwortungslosen Führern, ihre Nationen tiefer als je zuvor in die Schulden zu stürzen. Das System war, wie Cheryl Payer in *Lent and Lost* schreibt, ein reines Ponzi-Schema. Die neuen Kredite flossen direkt in die Tilgung der alten Kredite. Das System musste wachsen, um nicht zusammenzubrechen.

„Indem sie die Finanzierung am Laufen hielten", sagt ein geschäftsführender Direktor des IWF laut Payer, „ermöglichten die Strukturanpassungsdarlehen einen Handel, der sonst vielleicht nicht möglich gewesen wäre."

Angesichts der Tatsache, dass die Weltbank und der IWF selbst die korruptesten und verschwenderischsten Regierungen vor dem Bankrott bewahren, haben die Privatbanken ihr Verhalten entsprechend angepasst. Ein gutes Beispiel ist Argentinien, das seit 1959 zweiundzwanzig IWF-Kredite erhalten hat und 2001 sogar versuchte, seinen Zahlungsverpflichtungen nicht nachzukommen.[172] Man sollte meinen, dass die Gläubiger einem solch verschwenderischen Schuldner keine Kredite mehr gewähren würden. Tatsächlich aber erhielt Argentinien erst vor vier Jahren das größte IWF-Darlehen aller Zeiten in Höhe von 57,1 Milliarden US-Dollar.[173]

Payer fasste *The Debt Trap* mit der Aussage zusammen, die Moral ihres Werkes sei „ebenso einfach wie altmodisch. Dass Nationen, ebenso wie Individuen, nicht mehr ausgeben können als sie einnehmen, ohne sich zu verschulden, und dass eine hohe Schuldenlast den Weg zu autonomem Handeln versperrt."

Doch das System macht den Gläubigern das Geschäft zu schmackhaft. Die Gewinne werden monopolisiert, während die Verluste sozialisiert werden.

Das hat Payer schon vor fünfzig Jahren – 1974 – erkannt und daraus den Schluss gezogen, dass „es langfristig realistischer ist, aus einem ausbeuterischen System auszusteigen und die Verwerfungen der Neuanpassung zu ertragen, als die Ausbeuter um eine gewisse Entlastung zu bitten".

Kapitel XIII

Tu, was ich sage, nicht was ich tue

„Unser Lebensstil steht nicht zur Debatte."
- George H. W. Bush

In einem echten globalen freien Markt könnte die neoliberale Politik, die die Weltbank und der IWF den armen Ländern aufzwingt, sinnvoll sein. Letzten Endes ist die Bilanz des Sozialismus und der groß angelegten Verstaatlichung der Industrie katastrophal. Das Problem ist, dass die Welt kein freier Markt ist und dass überall mit zweierlei Maß gemessen wird.

Subventionen – z. B. kostenloser Reis in Sri Lanka oder vergünstigter Kraftstoff in Nigeria – werden vom IWF beendet, doch Gläubigernationen wie das Vereinigte Königreich und die Vereinigten Staaten gewähren ihrer eigenen Bevölkerung staatlich finanzierte Gesundheitsversorgung[174] und Erntesubventionen.[175]

Man kann eine libertäre oder marxistische Sichtweise einnehmen und zur gleichen Schlussfolgerung kommen, dass es sich um eine Doppelmoral handelt, die einige Länder auf Kosten anderer bereichert, ohne dass es den meisten Bürgern der reichen Länder bewusst ist.

Um die Trümmer des Zweiten Weltkriegs zu beseitigen, setzten die IWF-Gläubiger in den ersten Jahrzehnten nach Bretton Woods stark auf zentrale Planung und eine Politik gegen die freie Marktwirtschaft,[176] beispielsweise mit Einfuhrbeschränkungen, Begrenzung des Kapitalabflusses, Devisenobergrenzen und Anbausubventionen. Diese Maßnahmen schützten die industriellen Volkswirtschaften, als sie am verwundbarsten waren.[177]

In den Vereinigten Staaten wurde beispielsweise der „Interest Equalization Act" von John F. Kennedy verabschiedet, um die Amerikaner vom Kauf ausländischer Wertpapiere abzuhalten und sie stattdessen auf inländische Investitionen zu lenken.[178] Dies war eine von vielen Maßnahmen zur Verschärfung der Kapitalkontrollen. Aber die Weltbank und der IWF haben in der Vergangenheit arme Länder daran gehindert, sich mit denselben Taktiken zu verteidigen.

Cheryl Payer stellt fest: „Der IWF hat bei der Anpassung der Wechselkurse und der Handelspraktiken der reichen Industrienationen nie eine entscheidende Rolle gespielt [...] Es sind die schwächeren Nationen, die der vollen Kraft der IWF-Prinzipien ausgesetzt sind [...] die ungleichen Machtverhältnisse bedeuteten, dass der IWF nichts gegen die von den reichen Ländern praktizierten Markt-‚Verzerrungen' (wie z. B. den Handelsschutz) unternehmen konnte."

Vásquez und Bandow von Cato kamen zu einer ähnlichen Schlussfolgerung und stellten fest, dass „die meisten Industrienationen eine herablassende Haltung gegenüber unterentwickelten Ländern eingenommen haben und deren Exporte scheinheilig ausschließen".

Während die Vereinigten Staaten Anfang der 1990er-Jahre die Bedeutung des Freihandels betonten, errichteten sie „einen virtuellen, eisernen Vorhang gegen [Osteuropas] Exporte, einschließlich Textilien, Stahl und landwirtschaftlicher Erzeugnisse". Polen, die Tschechoslowakei, Ungarn, Rumänien, Bosnien, Kroatien, Slowenien, Aserbaidschan, Weißrussland, Georgien, Kasachstan, Kirgisistan, Moldawien, Russland, Tadschikistan, Turkmenistan, die Ukraine und Usbekistan waren davon betroffen. Die Vereinigten Staaten hinderten die osteuropäischen Länder daran, „ein einziges Pfund Butter, Trockenmilch oder Eiscreme in Amerika zu verkaufen", und sowohl die Bush- als auch die Clinton-Administration verhängten strenge Beschränkungen für die Einfuhr von Chemikalien und Arzneimitteln aus diesen Regionen.

Es wird geschätzt, dass der Protektionismus der Industrieländer „das Nationaleinkommen der Entwicklungsländer um etwa das Doppelte der Entwicklungshilfe reduziert". Mit anderen Worten: Würden die westlichen Länder ihre Volkswirtschaften einfach öffnen, bräuchten sie überhaupt keine Entwicklungshilfe zu leisten.

Das Arrangement hat eine unheimliche Wendung genommen. Wenn ein westliches Land (d. h. die Vereinigten Staaten) in eine Inflationskrise gerät – wie die heutige – und gezwungen ist, seine Geldpolitik zu straffen, *gewinnt* es in Wirklichkeit *mehr Kontrolle* über die Entwicklungsländer und ihre Ressourcen, deren US-Dollar-Schulden viel schwieriger zurückzuzahlen sind und die tiefer in die Schuldenfalle und tiefer in die Konditionalität von Weltbank und IWF geraten.

Während der großen Finanzkrise im Jahr 2008 senkten die amerikanischen und europäischen Behörden die Zinssätze und versorgten die Banken mit zusätzlichem Geld.[179] Während der Schuldenkrise in der Dritten Welt und der Finanzkrise in Asien weigerten sich die Weltbank und der IWF, ein solches Verhalten zuzulassen. Stattdessen empfahlen sie den betroffenen Volkswirtschaften, im eigenen Land zu sparen und mehr Kredite im Ausland aufzunehmen.[180]

Im September 2022 hieß es in den Zeitungen, der IWF sei „besorgt" über die Inflation im Vereinigten Königreich, da dessen Anleihenmarkt am Rande des Zusammenbruchs stehe.[181] Dies ist natürlich eine weitere Heuchelei, denn der IWF schien sich keine Sorgen um die Inflation zu machen, als er jahrzehntelang Milliarden von Menschen eine Währungsabwertung aufzwang. Gläubigernationen spielen nach anderen Regeln.

In einem letzten Fall von „Tu, was ich sage, nicht was ich tue" hält der IWF immer noch satte 90,5 Millionen Unzen – oder 2.814 Tonnen – Gold. Das meiste davon wurde in den 1940er-Jahren angehäuft, als die Mitglieder gezwungen waren, 25 % ihrer ursprünglichen Anteile in Gold zu bezahlen. Tatsächlich zahlten die Mitglieder bis in die 1970er-Jahre „normalerweise alle Zinsen, die sie für IWF-Kredite schuldeten, in Gold".[182]

Als Richard Nixon 1971 den Goldstandard formell aufhob, verkaufte der IWF seine Goldreserven nicht. Und dennoch sind Versuche der Mitgliedsländer, ihre Währung an Gold zu binden, verboten.[183]

Kapitel XIV

Grüner Kolonialismus

> ***„Wenn man in einer entwickelten, westlichen Gesellschaft für ein paar Monate den Strom abstellen würde, würden 500 Jahre vermeintlicher philosophischer Fortschritt über Menschenrechte und Individualismus schnell verpuffen, als hätte es sie nie gegeben."***
> \- Murtaza Hussain

In den letzten Jahrzehnten hat sich eine neue Doppelmoral herausgebildet – der grüne Kolonialismus. So nennt zumindest die senegalesische Unternehmerin Magatte Wade die Heuchelei des Westens in Sachen Energienutzung.

In einem Interview für dieses Buch erklärte Wade, dass die Industrieländer ihre Zivilisationen durch die Nutzung von Kohlenwasserstoffen entwickelt haben (die zum großen Teil gestohlen oder billig von armen Ländern oder Kolonien gekauft wurden), aber heute versuchen die Weltbank und der IWF, eine Politik durchzusetzen, die es den Entwicklungsländern verbietet, das Gleiche zu tun.

Während die Vereinigten Staaten und das Vereinigte Königreich in der Lage waren, die Kohle und das Öl der Dritten Welt zu nutzen, wollen die Weltbank und der IWF, dass die afrikanischen Länder Solar- und Windenergie nutzen, die vom Westen hergestellt und finanziert werden.

Diese Heuchelei wurde Ende 2022 in Ägypten deutlich, wo die Staats- und Regierungschefs der Welt auf der COP 27 (der Klimakonferenz in Scharm El-Scheich) zusammenkamen, um über die Reduzierung des Energieverbrauchs zu diskutieren. Der Standort auf dem afrikanischen Kontinent war bewusst gewählt.[184] Die westlichen Staats- und Regierungschefs – die sich derzeit bemühen, mehr fossile Brennstoffe zu importieren, nachdem ihr Zugang zu russischen Kohlenwasserstoffen beschnitten wurde – flogen in Kerosin schluckenden Privatjets ein, um die armen Länder aufzufordern, ihren CO_2-Fußabdruck zu verringern. In typischer Weltbank- und IWF-Tradition wurden die Feierlichkeiten von dem dort ansässigen Militärdiktator ausgerichtet. Während der Feierlichkeiten befand sich Alaa Abd el-Fattah, ein prominenter ägyptischer Menschenrechtsaktivist, in einem nahegelegenen Gefängnis im Hungerstreik.

Quelle: REUTERS / Alamy Stock Photo/POOL

Der britische Premierminister Rishi Sunak trifft in einem Privatjet auf der COP 27 ein.

„Genau wie damals, als wir kolonisiert wurden und die Kolonialisten die Regeln für unsere Gesellschaften festlegten", sagte Wade, „ist diese grüne Agenda eine neue Form der Herrschaft über uns. Der Herrscher diktiert uns jetzt, wie wir mit Energie umgehen sollen, welche Art von Energie wir nutzen sollen und wann wir sie nutzen können. Das Öl befindet sich in unserem Boden, es ist Teil unserer Souveränität: Aber jetzt sagen sie uns, wir dürfen es nicht nutzen? Sogar nachdem sie unermessliche Mengen für sich selbst geplündert haben?"

Wade betont, dass die Kernländer, sobald sie in eine Wirtschaftskrise geraten (wie im Jahr 2022), sofort wieder auf fossile Brennstoffe zurückgreifen. Sie beobachtet, dass es armen Ländern nicht erlaubt ist, Kernenergie zu entwickeln, und weist darauf hin, dass in der Vergangenheit, als führende Politiker der Dritten Welt versuchten, in diese Richtung vorzudringen, einige ermordet wurden – vor allem in Pakistan[185] und Brasilien.[186]

Wade sagt, ihr Lebenswerk ist der Aufbau von Wohlstand in Afrika. Sie wurde im Senegal geboren und kam im Alter von sieben Jahren nach Deutschland. Sie erinnert sich noch an ihren ersten Tag in Europa. Sie war daran gewöhnt, dass eine Dusche eine dreißigminütige Prozedur ist: den Kohleofen anheizen, Wasser kochen, kaltes Wasser zum Abkühlen hineinschütten und das Wasser in den Duschbereich schleppen. Aber in Deutschland brauchte sie nur einen Hebel zu betätigen.

„Ich war schockiert", sagt sie. „Diese Frage bestimmte den Rest meines Lebens: Wie kommt es, dass sie das hier haben und wir dort drüben nicht?"

Wade lernte mit der Zeit, dass zu den Gründen für den westlichen Erfolg Rechtsstaatlichkeit, klare und übertragbare Eigentumsrechte und stabile Währungen gehören. Entscheidend ist aber auch ein zuverlässiger Zugang zu Energie.

„Wir können uns keine Einschränkungen unserer Energienutzung durch andere auferlegen lassen", sagte Wade. Dennoch üben die Weltbank und der IWF weiterhin Druck auf die Energiepolitik in armen Ländern aus. Im Oktober 2022 folgte Haiti dem Druck der Weltbank und des IWF, seine Treibstoffsubventionen einzustellen. „Das Ergebnis", schrieb der Energiejournalist Michael Schellenberger, „waren Unruhen, Plünderungen und Chaos."[187]

„Im Jahr 2018", sagt Schellenberger, „stimmte die haitianische Regierung der Forderung des IWF zu, die Treibstoffsubventionen zu kürzen. Diese Kürzung war eine Voraussetzung für den Erhalt von 96 Millionen US-Dollar von der Weltbank, der Europäischen Union und der Interamerikanischen Entwicklungsbank. Die Entscheidung löste Proteste aus, die zum Rücktritt des Premierministers führten."

„Seit 2005 wurden in mehr als 40 Ländern Unruhen ausgelöst, nachdem die Treibstoffsubvention gekürzt oder die Energiepreise anderweitig erhöht wurden", sagt er.

Es ist heuchlerisch, wenn der Westen auf der Grundlage eines hohen Energieverbrauchs und von Energiesubventionen Erfolge erzielt und dann versucht, die Art und Menge, der von den armen Ländern genutzten Energie, einzuschränken und den Preis zu erhöhen, den ihre Bürger zahlen müssen. Dies führt zu einem malthusianischen Schema, das mit der gut dokumentierten Überzeugung des ehemaligen Weltbankchefs Robert McNamara übereinstimmt, dass das Bevölkerungswachstum eine Bedrohung für die Menschheit darstellt. Die Lösung bestand natürlich immer darin, das Bevölkerungswachstum in den armen Ländern zu reduzieren, nicht in den reichen Ländern.[188]

„Sie behandeln uns wie kleine Experimente", sagt Wade. „Der Westen sagt: Wir verlieren vielleicht ein paar Menschen auf dem Weg, aber lasst uns sehen, ob sich arme Länder ohne die von uns verwendeten Energiearten entwickeln können."

„Nun", sagt sie, „wir sind kein Experiment."

Kapitel XV

Der menschliche Tribut der Strukturanpassung

> ***„Für die Weltbank bedeutet Entwicklung Wachstum [...] Aber [...] ungehemmtes Wachstum ist die Ideologie der Krebszelle."***
> - Mohammed Yunus

Die sozialen Auswirkungen der Strukturanpassung sind immens. In den traditionellen Analysen der Politik von Weltbank und IWF werden sie jedoch kaum erwähnt. Es gibt viele ausführliche Studien über die wirtschaftlichen Auswirkungen, aber vergleichsweise wenig über die globalen Auswirkungen auf die Gesundheit.

Forscher wie George Ayittey, Graham Hancock und Cheryl Payer geben einige erschütternde Beispiele aus den 1970er- und 1980er-Jahren:

- Zwischen 1977 und 1985 führte der IWF in Peru Strukturanpassungen durch. Das durchschnittliche Pro-Kopf-Einkommen der Peruaner sank um 20 % und die Inflation stieg von 30 % auf 160 % an. Im Jahr 1985 hatte der Lohn eines Arbeiters nur noch 64 % des Wertes von 1979 und 44 % des Wertes von 1973. Die Unterernährung von Kindern stieg von 42 % auf 68 % der Bevölkerung.
- In den Jahren 1984 und 1985 führten die Philippinen unter Marcos eine weitere IWF-Strukturreformrunde durch. Nach einem Jahr war das Pro-Kopf-Bruttoinlandsprodukt auf das Niveau von 1975 zurückgefallen. Die Realeinkommen der städtischen Lohnempfänger sanken um 46 %.
- In Sri Lanka haben die ärmsten 30 % nach mehr als einem Jahrzehnt Strukturanpassung einen ununterbrochenen Rückgang der Kalorienaufnahme erlitten.

- In Brasilien stieg die Zahl der unterernährten Bürger von 27 Millionen (ein Drittel der Bevölkerung) im Jahr 1961 auf 86 Millionen (zwei Drittel der Bevölkerung) im Jahr 1985, nachdem zehn Strukturanpassungen durchgeführt worden waren.
- Zwischen 1975 und 1984 hat sich in Bolivien unter der Führung des IWF die Zahl der Arbeitsstunden, die ein Durchschnittsbürger leisten muss, um 1.000 Kalorien Brot, Bohnen, Mais, Weizen, Zucker, Kartoffeln, Milch oder Quinoa zu kaufen, im Durchschnitt verfünffacht.
- Nach der Strukturanpassung in Jamaika im Jahr 1984 sank die Kaufkraft eines jamaikanischen Dollars innerhalb von vierzehn Monaten von 2.232 Kalorien Mehl auf nur noch 1.443, von 1.649 Kalorien Reis auf 905, von 1.037 Kalorien Kondensmilch auf 508 und von 220 Kalorien Huhn auf 174.
- Infolge der Strukturanpassung sind die mexikanischen Reallöhne in den 1980er-Jahren um mehr als 75 % gesunken. 1986 hatten etwa 70 % der Mexikaner mit niedrigem Einkommen „praktisch aufgehört, Reis, Eier, Obst, Gemüse und Milch zu essen (ganz zu schweigen von Fleisch oder Fisch)“ und das zu einer Zeit, als ihre Regierung 27 Millionen US-Dollar pro Tag – 18.750 US-Dollar pro Minute – an Zinsen an ihre Gläubiger zahlte. In den 1990er-Jahren konnte „eine vierköpfige Familie mit dem Mindestlohn (welche 60 % der erwerbstätigen Bevölkerung ausmachte) nur 25 % ihres Grundbedarfs kaufen.“
- In den zwanzig Jahren nach der Strukturanpassung Indiens von 1992 stieg der Anteil der Landbevölkerung, der ohne das absolute Minimum an Kalorien auskommen musste, von 75 % auf 91 %.[189]
- In den afrikanischen Ländern südlich der Sahara sank das BSP pro Kopf „kontinuierlich von 624 US-Dollar im Jahr 1980 auf 513 US-Dollar im Jahr 1998 […], die Nahrungsmittelproduktion pro Kopf in Afrika lag 1980 bei 105, 1997 jedoch bei 92 […] und die Nahrungsmittelimporte stiegen zwischen 1988 und 1997 um erstaunliche 65 %.“

Diese Beispiele sind zwar tragisch, geben aber nur einen kleinen und unvollständigen Eindruck von den schädlichen Auswirkungen der Politik der Weltbank und des IWF auf die Gesundheit der Armen in der Welt.

Zwischen 1980 und 1985 führten im Durchschnitt jedes Jahr 47 Länder in der Dritten Welt Strukturanpassungsprogramme durch, die vom IWF gefördert wurden. Zusätzlich erhielten 21 Entwicklungsländer Struktur- oder Sektoranpassungsdarlehen von der Weltbank. Im gleichen Zeitraum verzeichneten 75 % aller Länder Lateinamerikas und Afrikas einen Rückgang des Pro-Kopf-Einkommens und der Kinderwohlfahrt. Die Kaufkraft eines ungelernten Arbeiters ist auf ein Niveau gesunken, das seit dem 17. und 18. Jahrhundert nicht mehr erreicht wurde.[190]

Der Rückgang des Lebensstandards macht Sinn, wenn man bedenkt, dass die Politik der Weltbank und des IWF die Gesellschaften so geformt hat, dass sie sich auf Kosten des Konsums auf den Export konzentrieren und gleichzeitig die Ernährungssicherheit und die Gesundheitsversorgung abbauen.

Während der IWF-Strukturanpassung sanken in Ländern wie Kenia die Reallöhne um mehr als 40 %. Zwischen 1960 und 1994 ging die Pro-Kopf-Nahrungsmittelproduktion in Afrika nach milliardenschweren Krediten der Weltbank und des IWF um fast 20 % zurück. In den 1980er-Jahren gingen die Gesundheitsausgaben in den Ländern, die vom IWF und der Weltbank „programmiert" wurden, um 50 % zurück.

Wenn die Ernährungssicherheit und die Gesundheitsversorgung zusammenbrechen, sterben Menschen.

Studien aus den Jahren 2011 und 2013 zeigen, dass Länder, die ein Strukturanpassungsdarlehen in Anspruch genommen haben, eine höhere Kindersterblichkeit aufweisen als Länder, die dies nicht getan haben.[191] Eine Analyse aus dem Jahr 2017 ergab praktisch einstimmig einen nachteiligen Zusammenhang zwischen Strukturanpassung und der Gesundheit von Kindern und Müttern.[192] Eine Studie aus dem Jahr 2020 hat Daten aus 137 Entwicklungsländern zwischen 1980 und 2014 untersucht und festgestellt, dass Strukturanpassungsreformen den Zugang zum Gesundheitssystem verschlechtern und die Neugeborenensterblichkeit erhöhen.[193] Ein Beitrag aus dem Jahr 2021 kommt zu dem Schluss, dass die Strukturanpassung eine bedeutende

Rolle bei der Aufrechterhaltung von vermeidbaren Behinderungen und Todesfällen spielt.[194]

Es ist unmöglich, eine vollständige Bilanz darüber zu ziehen, wie viele Frauen, Männer und Kinder infolge der Sparpolitik der Weltbank und des IWF getötet wurden.

Davidson Budhoo, ein Verfechter der Ernährungssicherheit, behauptete, dass zwischen 1982 und 1994 jährlich 6 Millionen Kinder in Afrika, Asien und Lateinamerika an den Folgen der Strukturanpassung gestorben seien. Damit lägen die Opferzahlen der Weltbank und des IWF in der gleichen Größenordnung wie die von Stalin und Mao.

Ist das auch nur im Entferntesten möglich? Niemand wird es je wissen. Aber wenn wir uns die Daten ansehen, können wir eine Vorstellung davon bekommen.

Untersuchungen aus Mexiko – ein typisches Beispiel für ein Land, in dem Weltbank und IWF in der Vergangenheit konsequent beteiligt waren – zeigen, dass die Sterblichkeitsrate um 1 % ansteigt, wenn das BIP um 2 % sinkt.[195]

Denken wir daran, dass das BIP in Dutzenden Ländern der Dritten Welt zwischen den 1960er- und 1990er-Jahren aufgrund von Strukturanpassungen zweistellig schrumpfte. Trotz des massiven Bevölkerungswachstums stagnierten oder schrumpften viele dieser Volkswirtschaften über einen Zeitraum von 15 bis 25 Jahren. Es ist möglich, dass die Politik der Weltbank und des IWF negative Auswirkungen auf die Lebensbedingungen von Millionen von Menschen hatte.

Wie hoch die Zahl der Todesopfer auch sein mag, zwei Dinge sind sicher: Erstens handelt es sich um Verbrechen gegen die Menschlichkeit und zweitens wird keiner der Weltbank- oder IWF-Beamten jemals ins Gefängnis gehen. Es wird nie eine Rechenschaftspflicht oder Gerechtigkeit geben.

Es ist eine unbestreitbare Tatsache, dass Millionen von Menschen zu jung gestorben sind, um das Leben von Millionen anderer Menschen zu verlängern und zu verbessern. Es ist wahr, dass ein Großteil des Erfolgs des Westens auf die Werte der Aufklärung wie Rechtsstaatlichkeit, Redefreiheit, liberale Demokratie und die Achtung der Menschenrechte im eigenen Land zurückzuführen ist. Jedoch ist die unausgesprochene Wahrheit, dass ein Großteil des Erfolgs des Westens auch auf Ressourcen- und Zeitdiebstahl aus armen Ländern zurückzuführen ist.

Dieser Kreislauf setzt sich bis heute fort. Laut einer Studie aus dem Jahr 2023, die in der Fachzeitschrift BMJ Global Health veröffentlicht wurde, „stehen bis 2024 in 59 von 125 Ländern mit niedrigem und mittlerem Einkommen Sparmaßnahmen auf der Tagesordnung", die 2 Milliarden Menschen einem Gesundheitsrisiko aussetzen.[196] Die Daten zeigen, dass Länder mit niedrigem und mittlerem Einkommen im Jahr 2022 mehr für die Rückzahlung von Auslandsschulden als für Gesundheitsprogramme ausgaben. Von diesen Auslandsschulden werden 61 % von Ländern mit niedrigem und mittlerem Einkommen gehalten und sind westlichen Gläubigern aus dem Privatsektor geschuldet. „Diese Gläubiger widersetzen sich jedoch jeder Form von Umschuldung, die ihre Investitionsrentabilität beeinträchtigen würde."

Der gestohlene Reichtum und die gestohlene Arbeitskraft der Dritten Welt bleiben ungestraft. Sie sind jedoch heute sichtbar und für immer in der Architektur, Kultur, Wissenschaft, Technologie und Lebensqualität der entwickelten Welt verankert. Bei einem Besuch in London, New York, Tokio, Paris, Amsterdam oder Berlin empfiehlt der Autor, einen Spaziergang zu machen und bei einem besonders beeindruckenden oder malerischen Blick auf die Stadt innezuhalten, um darüber nachzudenken. Ein altes Sprichwort besagt: „Wir müssen durch die Dunkelheit gehen, um das Licht zu erreichen."

Kapitel XVI

Eine Billion Us-Dollar: die Bank und der Fonds in der Zeit nach Covid

„Wir sitzen alle im selben Boot."
- Christine Lagarde,
ehemalige geschäftsführende Direktorin des IWF

Die Politik der Weltbank und des IWF gegenüber den Entwicklungsländern hat sich in den letzten Jahrzehnten nicht wesentlich geändert. Es gab einige oberflächliche Änderungen wie die Initiative für die „hochverschuldeten armen Länder" (HIPC), in deren Rahmen einige Regierungen einen Schuldenerlass erhalten können. Aber um sich dafür zu qualifizieren, müssen diese ärmsten der armen Länder immer noch eine Strukturanpassung durchführen, die jetzt in „Armutsbekämpfungsstrategie" umbenannt wurde.[197]

Es gelten immer noch die alten Regeln. In Guyana etwa „beschloss die Regierung Anfang 2000, die Beamtengehälter um 3,5 % zu erhöhen, nachdem die Kaufkraft in den fünf Jahren zuvor um 30 % gesunken war". Der IWF drohte sofort, Guyana von der neuen HIPC-Liste zu streichen. „Nach einigen Monaten musste die Regierung zurückrudern."

Die gleichen großflächigen Zerstörungen finden immer noch statt. Ein Bericht des ICIJ (Internationales Netzwerk investigativer Journalisten – Anm. d. Hrsg.) aus dem Jahr 2015 schätzt, dass in den letzten zehn Jahren 3,4 Millionen Menschen durch von der Weltbank finanzierte Projekte vertrieben wurden.[198]

Zu den alten buchhalterischen Tricks, mit denen der Nutzen der Hilfe übertrieben wird, kommen neue hinzu. Die US-Regierung wendet auf die Schulden der HIPC-Länder einen Abschlag von 92 % an, rechnet aber den *Nominalwert* des Schuldenerlasses in ihre ODA-

Zahlen (öffentliche Entwicklungszusammenarbeit) ein. Das bedeutet, dass Amerika den Umfang dessen, was als Wohltätigkeit angesehen wird, erheblich überbewertet. Die *Financial Times* hat argumentiert, dass ODA „die Hilfe ist, die keine ist" und dass „der Erlass offizieller Handelsschulden nicht als Hilfe gezählt werden sollte".

Tatsächlich hat es in den letzten Jahren bei der Weltbank und dem IWF große Veränderungen gegeben. Diese Veränderungen betrafen jedoch nicht die Art und Weise, in der diese Institutionen versuchen, die Volkswirtschaften der kreditnehmenden Länder zu gestalten, sondern vielmehr die Tatsache, dass sie ihre Bemühungen auf Länder konzentriert haben, die näher am wirtschaftlichen Zentrum der Welt liegen.

„Nach praktisch allen Maßstäben", so eine Studie des NBER (National Bureau of Economic Research – Anm. d. Hrsg), „sind die IWF-Programme für mehrere europäische Volkswirtschaften nach 2008 die größten in der 70-jährigen Geschichte des IWF."[199]

„Der Anteil der IWF-Zusagen am globalen BIP", so die Studie, „erreichte einen historischen Höchststand, als die europäische Schuldenkrise begann." Island startete 2008 ein IWF-Programm, gefolgt von Griechenland, Irland und Portugal.

Das vom IWF geleitete Rettungspaket für Griechenland belief sich auf sage und schreibe 375 Milliarden US-Dollar.[200] Im Juli 2015 „führte die Unzufriedenheit der Bevölkerung zu einem ‚Nein' in einem Referendum darüber, ob die Kreditbedingungen des IWF akzeptiert werden sollten, die Steuererhöhungen, Rentenkürzungen und andere Ausgaben sowie die Privatisierung von Industrien vorsahen".[201]

Größte IWF Programme

Land, Programmstart	In Millionen US-Dollar (Kaufkraft 2009)	Prozent des BIP	Quotenanteile der SZR
Argentina 2018	48,700	11	1,839
Brazil 2002	41,677	7	902
Greece 2010	39,851	14	3,212
Portugal 2011	36,326	16	2,306
Greece 2012	34,700	15	2,159
Ireland 2010	29,347	14	2,322
Korea 1997	27,309	4	1,938
Argentina 2000	27,280	6	800
Turkey 1999	25,674	8	1,560
Russian Fed. 1996	24,976	5	306
Mexico 1995	24,284	5	688
Turkey 2002	19,519	7	1,330
Brazil 2001	18,454	3	400
Brazil 1998	17,912	2	480
Romania 2009	17,645	11	1,111
Ukraine 2008	17,518	10	802
Hungary 2008	16,783	11	1,015
Ukraine 2010	15,076	11	729
Indonesia 1997	14,690	5	557
Argentina 2003	14,504	8	424
India 1981	12,115	3	291
Pakistan 2008	11,524	7	700
United Kingdom 1977	11,146	2	120
Turkey 2005	10,697	2	691

Source: The IMF: 70 Years of Reinvention

Die größten IWF-Rettungspakete der Geschichte

Am Ende wurde die Stimme des griechischen Volkes jedoch nicht gehört, da „die Regierung die Ergebnisse anschließend ignorierte und die Kredite akzeptierte“.

Der IWF hat in Griechenland und anderen einkommensschwachen europäischen Ländern dasselbe Schema angewandt, das er seit Jahrzehnten überall in den Entwicklungsländern anwendet. Er verstößt gegen demokratische Normen, um die Eliten mit Milliarden zu versorgen, während die Massen zum Sparen gezwungen werden.

In den vergangenen zwei Jahren haben die Weltbank und der IWF Hunderte von Milliarden US-Dollar in Länder gepumpt, die aufgrund von Lockdowns und COVID-19-Pandemiebeschränkungen unter Druck geraten sind. Es wurden mehr Kredite in kürzerer Zeit vergeben als je zuvor.[202]

Selbst Ende 2022, wenn die Zinssätze weiter steigen, nimmt die Verschuldung der armen Länder weiter zu, und der Betrag, den sie den reichen Ländern schulden, wächst weiter. Nach Angaben der *Financial Times* werden „69 Länder mit niedrigem und mittlerem Einkommen im Jahr 2022 Zahlungen in Höhe von 62 Milliarden US-Dollar leisten", was einem Anstieg von 35 % gegenüber dem Vorjahr entspricht. Die Geschichte reimt sich und die Besuche des IWF in Dutzenden von Ländern erinnern uns an die frühen 1980er-Jahre, als eine massive Schuldenblase durch die Politik der Federal Reserve zum Platzen gebracht wurde. Was folgte, war die schlimmste Depression in der Dritten Welt seit den 1930er-Jahren.[203]

Wir können nur hoffen, dass sich dies nicht wiederholt, aber angesichts der Bemühungen der Weltbank und des IWF, den armen Ländern mehr Schulden aufzubürden als je zuvor, und angesichts der Tatsache, dass die Kosten für die Kreditaufnahme in einem historischen Ausmaß steigen, können wir vorhersagen, dass dies wieder geschehen wird.

Selbst dort, wo der Einfluss von Weltbank und IWF schwindet, beginnt die Kommunistische Partei Chinas (KPCh) zu intervenieren. In den letzten zehn Jahren hat China versucht, die Dynamik von IWF und Weltbank durch seine eigenen Entwicklungsinstitutionen und seiner „Neuen Seidenstraße" nachzuahmen.[204]

Der indische Geostratege Brahma Chellaney schreibt: „Im Rahmen seiner Billionen-Dollar-Initiative ‚One Belt, One Road' unterstützt China Infrastrukturprojekte in strategisch günstig gelegenen Entwicklungsländern, indem es den Regierungen dieser Länder oft riesige Kredite gewährt. Dadurch geraten diese Länder in eine Schuldenfalle, die sie für Chinas Einfluss anfällig macht [...] Die von China unterstützten Projekte dienen oft nicht der Förderung der lokalen Wirtschaft, sondern sollen China den Zugang zu natürlichen Ressourcen erleichtern oder den Markt für seine billigen und minderwertigen Exportgüter öffnen. In vielen Fällen schickt China sogar seine eigenen Bauarbeiter, wodurch die Zahl der vor Ort geschaffenen Arbeitsplätze minimiert wird."[205]

Nach Angaben der Weltbank werden die 74 ärmsten Länder bis 2022 einen Schuldendienst von 35 Milliarden US-Dollar leisten.[206] Davon werden 37 % – etwa 13,1 Milliarden US-Dollar – an Institutionen gehen, die von der KPCh kontrolliert werden. Laut Brad Parks, Autor von *Banking on Beijing*, ist die KPCh mit 843 Milliarden US-Dollar für mehr als 165 Länder und 13.400 Projekte der größte Kreditgeber für Entwicklungsländer.[207] Peking stellt dem Globalen Süden jährlich rund 85 Milliarden US-Dollar zur Verfügung, 90 % davon in Form von Krediten.

Das Letzte, was die Welt braucht, ist eine weitere Abflussdynamik wie von der Weltbank und dem IWF, die den armen Ländern nur Mittel entzieht, um sie der völkermordenden Diktatur in Peking zukommen zu lassen. Schlimmer noch, viele chinesische Kreditbeträge fließen wie ein Bumerang zurück nach Peking, da sie sofort verwendet werden, um chinesische Unternehmen mit dem Bau von Infrastrukturen zu beauftragen.[208] Es ist dieselbe gefürchtete Taktik des „doppelten Kredits", die seit jeher von westlichen imperialen Mächten angewandt wird. Das Ziel der KPCh ist es, die Entwicklungsländer mit der Zeit dazu zu bringen, nach China zu exportieren und im Gegenzug Yuan zu akzeptieren, die sie zunehmend zur Rückzahlung von auf Renminbi lautenden Krediten verwenden. Das ist eine neue „Schuldenfalle", nur mit einem anderen Namen.

Es ist erfreulich, zu sehen, dass die KPCh in diesem Bereich auf Schwierigkeiten stößt. Sie versucht, ihre Asiatische Infrastruktur-Investmentbank um mehr als 10 Milliarden US-Dollar pro Jahr aufzustocken, aber sie hat mit einer Vielzahl von Problemen bei Projekten zu kämpfen, die sie in Entwicklungsländern finanziert hat. Einige Regierungen, wie zum Beispiel in Sri Lanka, können die Gelder einfach nicht zurückzahlen.[209] Da die KPCh nicht in der Lage ist, die Weltreservewährung zu prägen, muss sie den Verlust ausgleichen. Aus diesem Grund wird es wahrscheinlich nicht möglich sein, das Kreditvolumen des von den Vereinigten Staaten, Europa und Japan geführten Systems über Jahrzehnte aufrechtzuerhalten.

Und das ist auch gut so. KPCh-Darlehen sind vielleicht nicht mit lästigen Strukturanpassungsauflagen verbunden, aber sie nehmen ganz sicher keine Rücksicht auf die Menschenrechte. Die KPCh hat sogar dazu beigetragen, den sri-lankischen Präsidenten Mahinda Rajapaksa vor den Anschuldigungen wegen Kriegsverbrechen bei den Vereinten Nationen zu schützen. Wenn ein Land Taiwan diplomatisch anerkennt, kommt es automatisch nicht mehr für chinesische Kredite infrage.[210] Betrachtet man die Projekte des Unternehmens in Südostasien, wo es Mineralien und Holz abbaut und die Souveränität Pakistans untergräbt,[211] so wie in Afrika, südlich der Sahara, wo es eine große Anzahl seltener Erden abbaut,[212] so lässt sich feststellen, dass es sich hierbei um eine Art von Ressourcendiebstahl und geopolitischer Kontrolltaktik handelt, die von Kolonialmächten seit Jahrhunderten praktiziert wird. Die Verwendung von klaren und objektiven Formulierungen ist hierbei von besonderer Bedeutung.

Es ist unklar, ob die Weltbank und der IWF die KPCh überhaupt als einen Gegner betrachten. Bekannt ist aber, dass Wall Street und Silicon Valley dazu neigen, sich mit den schlimmsten Diktatoren der Welt gut zu stellen. China bleibt ein Gläubiger bei der Weltbank und dem IWF und seine Mitgliedschaft wurde trotz des Völkermords am uigurischen Volk nie infrage gestellt. Solange die KPCh den großen Zielen nicht in die Quere kommt, haben Weltbank und IWF wahrscheinlich nichts dagegen. Es gibt genug Beute für alle.

Kapitel XVII

Von Arusha nach Accra

„Wer die Macht hat,
kontrolliert das Geld.“
- Arusha-Delegierte, 1979

Im Jahr 1979 trafen sich die Entwicklungsländer in der tansanischen Stadt Arusha, um einen Alternativplan zu den Strukturanpassungen des IWF und der Weltbank zu entwickeln. Diese hatten sie mit hohen Schulden und wenig Mitspracherecht in Bezug auf die Zukunft der Weltwirtschaft zurückgelassen.[213]

„Diejenigen, die die Macht haben, kontrollieren das Geld“, schrieben die Delegierten. „Diejenigen, die Geld verwalten und kontrollieren, üben Macht aus. Ein internationales Währungssystem ist sowohl eine Folge als auch ein Instrument der herrschenden Machtstrukturen.“[214]

Stefan Eich betont in *The Currency of Politics*, dass die Arusha-Initiative die Belastung des internationalen Währungssystems durch hierarchische Ungleichgewichte hervorhebt. Dadurch wird auf die politische Natur des Geldes hingewiesen und der Anspruch auf neutrale technische Expertise, den die Geldspezialisten des IWF geltend machen, konterkariert.

„Der IWF mag eine neutrale, objektive, wissenschaftliche Haltung beansprucht haben“, schreibt Eich, „aber alle wissenschaftlichen Belege, einschließlich der internen Dokumentation des IWF, wiesen in die andere Richtung. Der IWF war in der Tat zutiefst ideologisch in der Art und Weise, wie er Unterentwicklung als einen Mangel an privaten Märkten darstellte, aber systematisch mit zweierlei Maß maß, indem er ähnliche Marktkontrollen in ‚entwickelten‘ Ländern ignorierte.“

Dies deckt sich mit der Beobachtung von Cheryl Payer, dass die Ökonomen der Weltbank und des IWF „einen Mythos um ihr Fachgebiet errichteten, der sogar andere Ökonomen einschüchterte".

Payer schreibt: „Sie beschreiben sich selbst als hochqualifizierte Techniker, die anhand komplexer Formeln den ‚richtigen' Wechselkurs und die ‚richtige' Geldschöpfung bestimmen. Sie leugnen die politische Bedeutung ihrer Arbeit."

Wie der Großteil des linken Diskurses über die Weltbank und den IWF war auch die in Arusha geäußerte Kritik größtenteils zutreffend. Die Institutionen waren ausbeuterisch und bereicherten ihre Gläubiger auf Kosten der armen Länder. Allerdings verfehlten die Lösungen von Arusha ihr Ziel, da sie auf zentrale Planung, Social Engineering und Verstaatlichung setzten.

Die Delegierten von Arusha haben sich für die Abschaffung der Weltbank und des IWF sowie für den Erlass der Schulden ausgesprochen. Diese Ziele mögen edel sein, sind jedoch völlig unrealistisch. Ihr bester Aktionsplan bestand darin, „die Macht in die Hände der lokalen Regierungen zu legen", eine schlechte Lösung, wenn man bedenkt, dass die überwiegende Mehrheit der Länder der Dritten Welt Diktaturen sind.

Jahrzehntelang litten die Menschen in Entwicklungsländern darunter, dass ihre Führer zwischen dem Verkauf ihres Landes an multinationale Konzerne und dem sozialistischen Autoritarismus schwankten. Beide Optionen waren zerstörerisch.

Seit seiner Unabhängigkeit vom Britischen Weltreich ist Ghana in diese Falle getappt. Die ghanaischen Behörden haben unabhängig von ihrer Ideologie immer wieder die Option der Kreditaufnahme im Ausland gewählt.

Ghana hat eine klischeehafte Geschichte mit der Weltbank und dem IWF:[215]

Militärs, die durch einen Staatsstreich die Macht an sich reißen, nur um die Strukturanpassungen des IWF durchzusetzen;

die Reallöhne sind zwischen 1971 und 1982 um 82 % gesunken, die Ausgaben für das öffentliche Gesundheitswesen sind um 90 % zurückgegangen und die Fleischpreise sind im gleichen Zeitraum um 400 % gestiegen;

Kredite der Weltbank für den Bau riesiger weißer Elefanten wie den Akosombo-Damm, der eine Aluminiumfabrik in US-Besitz mit Strom versorgte, auf Kosten von mehr als 150.000 Menschen, die durch die Anlegung des größten von Menschenhand geschaffenen Sees der Welt an Flussblindheit und Lähmungen erkrankten;

und eine Abholzung von 75 % der Regenwälder des Landes, da die Holz-, Kakao- und Mineralienindustrie boomte, während die einheimische Nahrungsmittelproduktion einbrach.

Im Jahr 2022 flossen 2,2 Milliarden US-Dollar an Hilfsgeldern nach Ghana. Die Schulden des Landes sind jedoch mit 31 Milliarden US-Dollar so hoch wie nie zuvor. Vor fünfzig Jahren betrugen sie lediglich 750 Millionen US-Dollar.[216]

Seit 1982 wurde der ghanaische Cedi unter „Anleitung“ des IWF um 38.000 % abgewertet. Eines der wichtigsten Ergebnisse der Strukturanpassung war die Ausbeutung der natürlichen Ressourcen Ghanas. Zwischen 1990 und 2002 erhielt die Regierung lediglich 87,3 Millionen US-Dollar aus dem Goldabbau im Wert von 5,2 Milliarden US-Dollar, der auf ghanaischem Boden gefördert wurde. Mit anderen Worten gingen 98,4 % der Gewinne aus dem Goldabbau in Ghana an Ausländer.[217]

Wie der ghanaische Demonstrant Lyle Pratt sagt: „Der IWF ist nicht hier, um die Preise zu senken, er ist nicht hier, um sicherzustellen, dass wir Straßen bauen – das ist nicht seine Angelegenheit und es interessiert ihn einfach nicht […] Das Hauptanliegen des IWF ist es, sicherzustellen, dass wir die Kapazität aufbauen, um unsere Kredite zu bezahlen, nicht um uns zu entwickeln.“

Heute fühlt es sich wie eine Wiederholung an. Der ghanaische Cedi war eine der Währungen mit der schlechtesten Wertentwicklung weltweit und verlor 2022 mehr als die Hälfte seines Wertes. Das Land befindet sich in einer Schuldenkrise und ist wie in den vergangenen Jahrzehnten gezwungen, der Rückzahlung an seine Gläubiger Vorrang vor Investitionen in die eigene Bevölkerung einzuräumen.[218]

Im Oktober 2022 erhielt das Land seinen letzten IWF-Besuch. Sollte ein Kredit zustande kommen, wäre es der siebzehnte IWF-Kredit für Ghana seit dem von der CIA unterstützten Militärputsch von 1966. Das sind *siebzehn Schichten* der Strukturanpassung.[219] Zwei

Monate später stellte die ghanaische Regierung die Zahlungen für einen Teil ihrer Auslandsschulden ein, aber die 3,4 Milliarden US-Dollar an den IWF und die 4,7 Milliarden US-Dollar an die Weltbank werden weiterhin planmäßig ausgezahlt.[220]

Der Besuch des IWF ist ein bisschen wie der Besuch des Sensenmannes, was nur eines bedeuten kann: mehr Sparmaßnahmen, Schmerzen und – ohne Übertreibung – den Tod. Vielleicht kommen die Wohlhabenden und gut Vernetzten ungeschoren davon oder bereichern sich sogar, aber für die Armen und die Arbeiterklasse sind die Währungsabwertung, die steigenden Zinssätze und das Verschwinden von Bankkrediten verheerend. Dies ist nicht das Ghana von 1973, über das Payer in *The Debt Trap* erstmals schrieb. Es ist fünfzig Jahre später und die Falle ist vierzig Mal tiefer.[221]

Aber vielleicht gibt es einen Hoffnungsschimmer.

Vom 5. bis zum 7. Dezember 2022 fand in der ghanaischen Hauptstadt Accra ein besonderer Besuch statt. Anstelle von Gläubigern, die von den Menschen in Ghana Zinsen verlangen und ihre Industrien diktieren wollen, haben sich die Redner und Organisatoren der Africa Bitcoin Conference versammelt, um Informationen, Open-Source-Tools und Dezentralisierungstaktiken auszutauschen. Ziel war es, wirtschaftliche Aktivitäten aufzubauen, die nicht unter der Kontrolle korrupter Regierungen und ausländischer multinationaler Konzerne stehen.[222]

Farida Nabourema war die Hauptorganisatorin. Sie setzt sich für Demokratie und die Rechte der Armen ein, ist gegen die Weltbank und den IWF und befürwortet Bitcoin. In ihrer Grundsatzrede kritisierte sie den kolonialen Finanzrahmen, der in Afrika immer noch besteht und aufgrund dessen die große Mehrheit ausgeschlossen oder ausgegrenzt wird.[223] Andere Redner wiesen darauf hin, dass 80 % der innerafrikanischen Finanzströme über einen amerikanischen oder europäischen Vermittler laufen. Dadurch gehen Milliarden von US-Dollar an einheimischem Kapital an ausländische Mächte verloren.[224]

Payer schreibt: „Das eigentliche Problem ist, *wer* das Kapital und die Technologie *kontrolliert*, die in die ärmeren Länder exportiert werden.“

Es kann argumentiert werden, dass Bitcoin als Kapital und Technologie nach Ghana und Togo exportiert wird, obwohl es sicherlich nicht dort entstanden ist. Der Ursprung von Bitcoin ist unklar und niemand weiß, wer ihn geschaffen hat. Weder Regierungen noch Unternehmen können ihn kontrollieren.

Während des Goldstandards beeinflusste die Gewalt des Kolonialismus einen neutralen Währungsstandard. In der postkolonialen Welt beeinflusst ein Fiat-Geldstandard – aufrechterhalten von Weltbank und IWF – eine postkoloniale Machtstruktur. Für die Dritte Welt könnte eine postkoloniale, post-fiat Welt die richtige Mischung sein.

Auf Konferenzen wie der von Arusha versammelten sich Befürworter der Dependenztheorie wie Samir Amin und forderten eine „Abkopplung" der armen Länder von den reichen Ländern.[225] Die Idee war, dass der Reichtum der reichen Länder nicht nur auf ihre liberalen Demokratien, Eigentumsrechte und ihr unternehmerisches Umfeld zurückzuführen war, sondern auch auf den Diebstahl von Ressourcen und Arbeitskräften aus den armen Ländern. Wenn man diesen Raubzug stoppt, könnten die ärmeren Länder davon profitieren. Amin sagte voraus, dass „der Aufbau eines Systems jenseits des Kapitalismus in den peripheren Gebieten beginnen muss".[226] Wenn wir mit Allen Farrington übereinstimmen, dass das heutige Fiat-System kein Kapitalismus ist und dass das derzeitige US-Dollar-System zutiefst fehlerhaft ist, dann hatte Amin vielleicht recht. Ein neues System wird eher in Accra entstehen als in Washington oder London.[227]

Saifedean Ammous schreibt: „Die Entwicklungsländer bestehen aus Ländern, die zu dem Zeitpunkt, als ein inflationäres Weltwährungssystem 1914 an die Stelle eines relativ soliden Systems trat, noch keine modernen industriellen Technologien eingeführt hatten. Dieses dysfunktionale Weltwährungssystem hat die Entwicklung dieser Länder kontinuierlich beeinträchtigt, indem es den lokalen und ausländischen Regierungen ermöglichte, den von ihren Bürgern produzierten Reichtum zu enteignen."

Mit anderen Worten: Die reichen Länder wurden industrialisiert, bevor sie Fiat-Währungen einführten. Die armen Länder hingegen führten Fiat-Währungen ein, bevor sie industrialisiert wurden. Um den Kreislauf der Abhängigkeit zu durchbrechen, schlagen Nabourema und andere Organisatoren der Africa Bitcoin Conference vor, Fiat-Währungen zu überwinden.

Kapitel XVIII

Ein Hoffnungsschimmer

„Das Hauptproblem bei konventionellen Währungen ist das Vertrauen, das erforderlich ist, damit sie funktionieren. Man muss der Zentralbank vertrauen, dass sie die Währung nicht entwertet, aber die Geschichte der Fiat-Währungen ist voll von Verstößen gegen dieses Vertrauen.“
- Satoshi Nakamoto

Was auch immer die Antwort auf die Armut in der Dritten Welt ist, wir wissen, dass es nicht mehr Schulden sind. „Die Armen der Welt“, so Cheryl Payer abschließend, „brauchen keine weitere ‚Bank‘, wie gutartig auch immer. Sie brauchen anständig bezahlte Arbeit, eine reaktionsfähige Regierung, Bürgerrechte und nationale Autonomie.“

Seit sieben Jahrzehnten sind die Weltbank und der IWF die Feinde aller vier.

Mit Blick auf die Zukunft sagt Payer: „Die wichtigste Aufgabe, für diejenigen in den wohlhabenden Ländern, die sich um internationale Solidarität bemühen, besteht darin, aktiv dafür zu kämpfen, dass der Fluss der Auslandshilfe gestoppt wird.“ Das Problem ist, dass das derzeitige System darauf ausgelegt ist und Anreize bietet, diesen Fluss aufrechtzuerhalten. Die einzige Möglichkeit, dies zu ändern, besteht in einem völligen Paradigmenwechsel.

Es ist bekannt, dass Bitcoin Menschen in Entwicklungsländern helfen kann, persönliche finanzielle Freiheit zu erlangen und den kaputten Systemen zu entkommen, die ihnen von ihren korrupten Herrschern und internationalen Finanzinstitutionen aufgezwungen werden. Im Dezember 2022 wurde dies in Accra beschleunigt, entgegen den Plänen der Weltbank und des IWF. Die Frage ist jedoch, ob Bitcoin tatsächlich die Macht- und Ressourcenstruktur der Welt verändern kann.

Farida Nabourema ist hoffnungsvoll und versteht nicht, warum Linke Bitcoin im Allgemeinen verurteilen oder ignorieren.

„Ein Werkzeug, das es Menschen ermöglicht, unabhängig von Kontrollinstitutionen Reichtum aufzubauen und darauf zuzugreifen, kann als linkes Projekt betrachtet werden", sagt sie. „Als Aktivistin, die glaubt, dass die Bürger in Währungen bezahlt werden sollten, die ihr Leben und ihre Opfer tatsächlich wertschätzen, betrachte ich Bitcoin als eine Revolution des Volkes."

„Ich finde es schrecklich", sagt sie, „dass ein Bauer in Afrika südlich der Sahara nur 1 % des Kaffeepreises auf dem Weltmarkt verdient. Wenn wir es schaffen, dass die Bauern ihren Kaffee ohne viele Zwischenhändler direkt an die Käufer verkaufen können und in Bitcoin bezahlt werden, können Sie sich vorstellen, wie viel das für ihr Leben bedeuten würde?"

„Heute", sagt sie, „leihen sich unsere Länder im Globalen Süden immer noch Geld in US-Dollar, aber mit der Zeit verlieren unsere Währungen an Wert und wir müssen am Ende das Doppelte oder Dreifache der ursprünglich versprochenen Zahlung leisten, um unsere Gläubiger zu entschädigen."

„Stellen Sie sich vor", sagt sie, „dass wir in zehn oder zwanzig Jahren ein Stadium erreichen, in dem Bitcoin das globale Geld ist. Es wird weltweit für Geschäfte akzeptiert, jede Nation nimmt Kredite in Bitcoin auf und gibt sie aus, und jede Nation begleicht ihre Schulden in Bitcoin. In dieser Welt können ausländische Regierungen nicht verlangen, dass wir sie in Währungen zurückzahlen, die wir verdienen müssen. Sie können jedoch einfach Geld drucken. Eine Erhöhung ihrer Zinssätze würde jedoch nicht automatisch das Leben von Millionen oder Milliarden von Menschen in unseren Ländern gefährden."

„Natürlich", sagt Nabourema, „wird Bitcoin wie jede Innovation Probleme mit sich bringen. Aber das Schöne ist, dass diese Probleme durch friedliche, globale Zusammenarbeit verbessert werden können. Niemand wusste vor zwanzig Jahren, welche erstaunlichen Dinge uns das Internet heute ermöglicht. Niemand kann sagen, welche erstaunlichen Dinge uns Bitcoin in zwanzig Jahren ermöglichen wird."

„Der Weg nach vorn“, sagt sie, „ist ein Aufwachen der Massen. Sie müssen verstehen, wie das System funktioniert und begreifen, dass es Alternativen gibt. Wir müssen in die Lage versetzt werden, dass die Menschen ihre Freiheit zurückgewinnen können und ihr Leben nicht von Behörden kontrolliert wird, die ihre Freiheit jederzeit ohne Konsequenzen beschlagnahmen können. Diesem Ziel kommen wir mit Bitcoin allmählich näher.“

„Da Geld in unserer Welt das Zentrum von allem ist“, sagt Nabourema, „ist die Tatsache, dass wir jetzt in der Lage sind, finanzielle Unabhängigkeit zu erlangen, so wichtig für die Menschen in unseren Ländern, da wir versuchen, unsere Rechte in allen Bereichen und Sektoren zurückzufordern.“

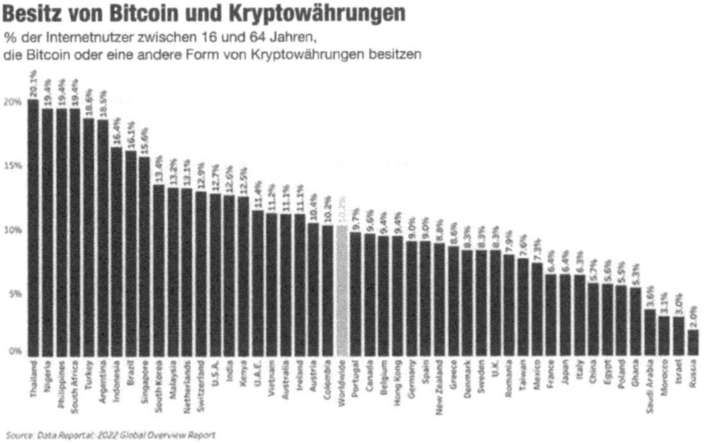

Pro-Kopf-Besitz von Bitcoin und Kryptowährungen: Länder mit einer Geschichte von IWF-Strukturanpassungen rangieren in der Regel sehr weit oben

Den Daten zufolge ist Bitcoin bereits eine globale Reaktion auf die Politik der Weltbank und des IWF. Thailand, Nigeria, die Philippinen, die Türkei, Argentinien, Indonesien und Brasilien gehören historisch gesehen zu den Ländern, die am stärksten von Strukturanpassungen betroffen sind, und haben insgesamt 98 Mal Kreditverträge mit dem IWF abgeschlossen. Diese Länder rangieren unter den acht Ländern mit der höchsten Bitcoin- und Kryptowährungsnutzung pro Kopf. Veranstaltungen wie die Africa Bitcoin Conference, die von Aktivisten organisiert werden, tragen zur Überwindung des neokolonialen Finanzrahmens im Globalen Süden bei.

Der IWF betrachtet Bitcoin als Bedrohung. Im Frühjahr 2022 unterzeichnete die argentinische Regierung ein neues Abkommen mit dem IWF, in dem sie versprach, „von der Verwendung von Kryptowährungen abzuraten".[228] Der IWF hat sich auch gegen die Einführung von Bitcoin in El Salvador ausgesprochen und die Regierung von Nayib Bukele dazu gedrängt, ihre Bitcoin-Reserven zu verkaufen und ihr Gesetz über gesetzliche Zahlungsmittel aufzuheben. Es ist offensichtlich, dass die Weltbank und der IWF Veränderungen des Status quo ablehnen werden.[229]

Im Rahmen eines Interviews für dieses Buch erklärte der Deflationsbefürworter Jeff Booth, dass die Weltbank und der IWF bei Annäherung an einen Bitcoin-Standard weniger als Gläubiger, sondern eher als Co-Investoren, Partner oder Geldgeber auftreten werden. Sinkende Preise im Laufe der Zeit machen Schulden teurer und schwieriger zurückzuzahlen. Wenn die US-Gelddruckerei abgeschaltet wird, gibt es keine Rettungsaktionen mehr. Zunächst schlägt der Autor vor, dass die Weltbank und der IWF weiterhin Kredite vergeben werden. Allerdings werden sie zum ersten Mal tatsächlich große Geldsummen verlieren, wenn Länder freiwillig in Verzug geraten, weil sie auf einen Bitcoin-Standard umsteigen. Aus diesem Grund könnten sie stattdessen Co-Investitionen in Betracht ziehen. Bei diesen Investitionen interessieren sie sich mehr für den tatsächlichen Erfolg und die Nachhaltigkeit der von ihnen unterstützten Projekte, da das Risiko gleichmäßiger verteilt ist.

Das Bitcoin-Mining ist ein Bereich, in dem Veränderungen möglich sind. Wenn arme Länder ihre natürlichen Ressourcen gegen Geld eintauschen können, ohne sich mit ausländischen Mächten auseinandersetzen zu müssen, kann ihre Souveränität gestärkt werden, anstatt zu erodieren. Durch das Mining könnten die riesigen Mengen an Flusskraft, Kohlenwasserstoffen, Sonne, Wind, Bodenwärme und thermische Energieumwandlung im Meer (OTEC) in Schwellenländern *ohne Genehmigung* direkt in die Weltreservewährung umgewandelt werden. Dies war bisher nicht möglich. Die Schuldenfalle scheint für die meisten armen Länder wirklich unausweichlich zu sein und wächst von Jahr zu Jahr weiter an. Investitionen in Anti-Fiat-Bitcoin-Reserven, Dienstleistungen und Infrastruktur könnten eine Möglichkeit sein, um zurückzuschlagen.

Laut Booth kann Bitcoin das alte System kurzschließen, das die reichen Länder auf Kosten der Löhne in den armen Ländern subventionierte. Im alten System musste die Peripherie geopfert werden, um den Kern zu schützen. Im neuen System können Peripherie und Kern zusammenarbeiten. Momentan hält das US-Dollar-System die Menschen durch Lohndeflation in der Peripherie arm. Durch die Einführung eines einheitlichen Geldstandards entsteht eine neue Dynamik, bei der die Lohnsätze zwangsläufig angeglichen werden, anstatt auseinanderzudriften. Wir haben keine Worte für eine solche Dynamik, sagt Booth, weil es sie noch nie gegeben hat: Er schlägt „erzwungene Kooperation" vor.

Ein „anschauliches" Beispiel hierfür ist, wie Bitcoin-Unternehmen Menschen Geld sparen können, wenn sie versuchen, Werte vom Globalen Norden in den Globalen Süden zu transferieren. Traditionell kontrollierten amerikanische oder europäische Unternehmen diesen Fluss und erhielten eine Gebühr, wenn Familien und Unternehmen Werte von z. B. New York nach Lagos schickten. Obwohl der Wechselkurs des nigerianischen Naira im Dezember 2022 fast 750 pro US-Dollar betrug, würde eine Überweisung nach Art von Western Union dem Empfänger nur den Wert zum offiziellen Kurs von etwa 445 pro US-Dollar bringen. Auf der Africa Bitcoin Conference wurde eine Partnerschaft zwischen dem US-amerikanischen Unternehmen Strike und dem nigerianischen Unternehmen Bitnob ins Leben gerufen. Diese Partnerschaft ermöglicht es Amerikanern, innerhalb weniger Minuten US-Dollar auf nigerianische Bankkonten oder kenianische M-PESA-Mobilgeldkonten zu überweisen. Da Unternehmen das Lightning-Netzwerk von Bitcoin nutzen, um miteinander zu kommunizieren, erhält der Empfänger bei der Überweisung den aktuellen Wechselkurs und spart dadurch bis zu 40 % an Gebühren.

Im Jahr 2023 wird es auf dem afrikanischen Kontinent mehr als vierzig Zentralbanken geben und keine der verschiedenen afrikanischen Fiat-Währungen wird interoperabel sein. Das System wurde nicht entwickelt, um zu vereinheitlichen und zu verbinden, sondern um zu spalten und den Wert von den Bürgern abzuschöpfen. In einem offenen und erlaubnisfreien Bitcoin-Modell ist leicht erkennbar, wie koloniale Grenzen und autoritäre Korruption überwunden werden können.

Booth bezeichnet die Fähigkeit der Vereinigten Staaten, unbegrenzt weitere Schulden aufzunehmen, als „Diebstahl an Basisgeld". Leserinnen und Leser sind möglicherweise mit dem Cantillon-Effekt vertraut, bei dem diejenigen, die der Gelddruckerei am nächsten sind, von frischem Geld profitieren, während diejenigen, die am weitesten entfernt sind, darunter leiden. Es gibt auch einen globalen Cantillon-Effekt, bei dem die Vereinigten Staaten von der Ausgabe der globalen Reservewährung profitieren, während die ärmeren Länder darunter leiden.

„Ein Bitcoin-Standard beendet das", sagt Booth.

Wie hoch ist der Anteil der Schulden in der Welt, der als illegitim betrachtet werden kann? Es gibt *Billionen* von US-Dollar an Krediten, die von Diktatoren und nicht gewählten supranationalen Finanzinstitutionen vergeben wurden, ohne dass die Menschen auf der Seite der Kreditnehmer zugestimmt hätten. Es gibt eine moralische Verpflichtung, diese Schulden zu streichen, aber das wird natürlich nie geschehen, weil die Kredite letztlich als Vermögenswerte in den Bilanzen der Gläubiger von Weltbank und IWF existieren. Es wird immer bevorzugt, Vermögenswerte zu behalten und neue Schulden aufzunehmen, um die alten Schulden zu begleichen.

Der IWF-Bericht über Staatsschulden schafft eine enorme Blase, die größer ist als die Dotcom-Blase, die Subprime-Hypothekenblase und sogar die durch die Konjunkturpakete ausgelöste COVID-19-Blase. Es wird äußerst schmerzhaft sein, dieses System rückgängig zu machen, aber es ist notwendig. Wenn Schulden wie eine Droge sind und die Weltbank sowie der IWF die Dealer sind, während die Regierungen der Entwicklungsländer die Süchtigen darstellen, ist es unwahrscheinlich, dass eine der beiden Parteien aufhören will. Um jedoch zu heilen, müssen die Süchtigen auf Entzug gehen. Das Fiat-System macht dies im Grunde unmöglich. Im Bitcoin-System könnte es jedoch zu dem Punkt kommen, an dem der Patient keine andere Wahl mehr hat.

Wie Saifedean Ammous betont, kann Amerika, wenn die brasilianischen Machthaber 30 Milliarden US-Dollar leihen wollen und der US-Kongress zustimmt, die Mittel über den IWF bereitstellen. Dies ist eine politische Entscheidung. Wenn jedoch die Gelddruckerei abgeschafft wird, so Ammous, werden diese Entscheidungen weniger politisch und ähneln eher den umsichtigen Entscheidungen einer Bank, die weiß, dass sie nicht gerettet werden wird.

In den letzten sechzig Jahren der Vorherrschaft von Weltbank und IWF wurden zahllose Tyrannen und Kleptokraten gegen jede finanzielle Vernunft gerettet, damit die natürlichen Ressourcen und die Arbeitskraft ihrer Länder weiterhin von den Kernländern ausgebeutet werden konnten. Dies war möglich, weil die Regierung, die im Zentrum des Systems steht, die Reservewährung drucken konnte.

Aber wer, so fragt sich Ammous, wird in einem Bitcoin-Standard diese hochriskanten Milliardenkredite im Gegenzug für Strukturanpassungen vergeben?

„Du", fragt er, „und wessen Bitcoin?"

Buchempfehlungen

Ammous, Saifedean. Der Fiat-Standard: Das Schuldknechtschaftssystem als Alternative zur menschlichen Zivilisation. Aprycot Media, 2022.

Ayittey, George. Africa Betrayed. New York: Palgrave Macmillan, 1992.

Ayittey, George. Defeating Dictators: Fighting Tyranny in Africa and Around the World. New York: St. Martin's Griffin, 2011.

Bandow, Douglas und Vàsquez, Ian etc. Perpetuating Poverty: The World Bank, the IMF, and the Developing World. Washington, D. C.: CATO Institute, 1994.

Branford, Sue und Kucinski, Bernando. The Debt Squads: The US, the Banks, and Latin America. London, UK: Zed Books, 1988.

Burgis, Tom. The Looting Machine: Warlords, Oligarchs, Corporations, Smugglers, and the Theft of Africa's Wealth. New York: Public Affairs, 2016.

Copelovitch, Mark S. The International Monetary Fund in the Global Economy: Banks, Bonds, and Bailouts. London: Cambridge University Press, 2010.

Danaher, Kevin. 50 Years Is Enough: The Case Against the World Bank and the International Monetary Fund. Boston, MA: South End Press, 1994.

Dreher, Axel; Fuchs, Andreas; Parks, Bradley; Strange, Austin und Tierney, Michael J. Banking on Beijing: The Aims and Impacts of China's Overseas Development Program. United Kingdom: Cambridge University Press, 2022.

Eich, Stefan. The Currency of Politics: The Political Theory of Money from Aristotle to Keynes. New Jersey: Princeton University Press, 2022.

George, Susan: Sie sterben an unserem Geld. Hamburg: Rowohlt, 1990.

Graeber, David. Schulden: Die ersten 5000 Jahre. Stuttgart: Klett-Cotta, 2022.

Hancock, Graham: Händler der Armut: Wohin verschwinden unsere Entwicklungsmilliarden? München: Droemer Knaur, 1989.

Hickel, Jason; Sullivan, Dylan und Zoomkawala, Huzaifa. Plunder in the Post-Colonial Era: Quantifying Drain from the Global South Through Unequal Exchange, 1960–2018. New Political Economy 26, Nr. 6 (2021): S. 1030–1047.

Moyo, Dambisa. Dead Aid: Why Aid Is Not Working and How There Is a Better Way for Africa. New York: Farrar, Straus and Giroux, 2009.

Patnaik, Utsa und Patnaik, Prabhat. Capital and Imperialism: Theory, History, and the Present. New York: Monthly Review Press, 2021.

Payer, Cheryl. The Debt Trap: The International Monetary Fund and the Third World. New York: Monthly Review Press, 1975.

Payer, Cheryl. Lent and Lost: Foreign Credit and Third World Development. London, UK: Zed Books, 1991.

Payer, Cheryl. The World Bank: A Critical Analysis. New York: Monthly Review Press, 1982.

Perlez, Jane und Bonner, Raymond. „Below a Mountain of Wealth, a River of Waste." New York Times, 27. Dezember 2005, https://www.nytimes.com/2005/12/27/world/asia/below-a-mountain-of-wealth-a-river-of-waste.html.

Pigeaud, Fanny und Sylla, Ndongo Samba. Africa's Last Colonial Currency: The CFA Franc Story. London, UK: Pluto Press, 2021.

Nachwort

Hoffnung für die Kolonisierten

In diesem Buch zeigt Alex Gladstein auf, dass Bretton-Woods-Institutionen wie der IWF und die Weltbank die Armut verschärft und enorme Umweltprobleme im Globalen Süden hervorgebracht haben. Dadurch ist die ohnehin schon verarmte Bevölkerung der Region noch hilfloser und verwundbarer geworden.

Dieses Buch führt uns durch das Labyrinth der Schulden, welche die Abhängigkeit der Entwicklungsländer verstärken. Häufig sehen sich diese Länder gezwungen, Kredite aufzunehmen, um Projekte zu finanzieren, von denen nur wenige Privilegierte sowie ausländische Unternehmen und Institutionen profitieren.

Es ist geradezu absurd, wie dieses System seit Jahrzehnten in verschiedenen Teilen der Welt funktioniert. Die Armen finanzieren ihre eigene Unterdrückung, ohne zu bemerken, dass ihre Regierungen Kredite mit unverschämt hohen Zinsen aufnehmen, die nur einkommensschwachen Industrien und Unternehmen zugutekommen, die für die Bevölkerung nicht rentabel sind.

Dieses Buch kritisiert das Wirtschaftsmodell, das vom IWF und der Weltbank propagiert wird. Dieses Modell stützt sich auf den Mythos, dass Wirtschaftswachstum durch Exporte bestimmt wird.

Der Autor verdeutlicht, dass räuberische Wirtschaftssysteme oft nur unter autokratischen Regimen fortgeführt werden können, in denen die Bevölkerung keine Möglichkeit hat, ihre Führer für deren Fehlentscheidungen zur Verantwortung zu ziehen.

Das Schuldensystem, wie in den vorangegangenen Kapiteln dargestellt, ist eine Fortsetzung der Kolonisierung. Die Kolonisierten nehmen Kredite auf, um ihre eigene Unterdrückung zu finanzieren, und sind verpflichtet, diese mit Zinsen zurückzuzahlen. Die Kolonisatoren gehen kein finanzielles Risiko mehr ein, da sie immer eine

Rendite erhalten, die ihre ursprüngliche Investition bei weitem übersteigt, und das fast ohne Kosten.

Gladstein kritisiert, dass reiche Nationen ärmeren Nationen eine neoliberale Politik aufzwingen, indem sie von ihnen verlangen, Industrien zu schaffen, die für sie wirtschaftlich und ökologisch ruinös sind. Dies geschieht nicht nur durch den Freihandel. Während Landwirte in Afrika, Asien und Lateinamerika keine finanzielle Unterstützung mehr von ihren Regierungen, um die öffentlichen Ausgaben zu senken, wie es der IWF und die Weltbank verlangen, erhalten Landwirte in wohlhabenderen Ländern häufig weiterhin staatliche Subventionen. Er verdeutlicht die Doppelmoral, mit der Subventionen in reichen Ländern toleriert und akzeptiert werden, während sie in Entwicklungsländern nahezu abgeschafft werden. Dadurch werden die Waren der Entwicklungsländer weniger wettbewerbsfähig.

Obwohl Gladsteins Buch die Ungerechtigkeit anprangert, die das neoliberale Wirtschaftsmodell und die Bretton-Woods-Institutionen kennzeichnet, zeigt es letztendlich einen Hoffnungsschimmer auf. Es verdeutlicht, wie Bitcoin mit seiner befreienden Philosophie, dezentralisierten Technologie und unveränderlichen Funktionalität dazu beitragen kann, Nationen und Völker aus der Schuldenfalle zu befreien.

Bitcoin wird die Jahrhunderte der finanziellen Ausbeutung, der Umweltzerstörung und des moralischen Abgrunds nicht auf magische Weise auslöschen. Er bietet jedoch der Welt und insbesondere den Bevölkerungen der Länder, die durch die unersättliche Gier ihrer Führer und ausländischer Institutionen wie dem IWF und der Weltbank verarmt sind, eine Chance, sich zu befreien.

- ***Farida Nabourema***
togolesische Schriftstellerin,
Menschenrechtsverteidigerin
und Panafrikanistin

Über den Autor

Alex Gladstein ist Chief Strategy Officer bei der Human Rights Foundation (HRF). Außerdem ist er seit der Gründung des Oslo Freedom Forum im Jahr 2009 als Vizepräsident für Strategie tätig. Im Rahmen seiner Arbeit hat Alex Gladstein Hunderte von Dissidenten und zivilgesellschaftlichen Gruppen mit Wirtschaftsführern, Technologen, Journalisten, Philanthropen, politischen Entscheidungsträgern und Künstlern zusammengebracht, um freie und offene Gesellschaften zu fördern.

Alex' Schriften und Ansichten zu Menschenrechten und Technologie sind in Medien auf der ganzen Welt erschienen, darunter *The Atlantic*, BBC, CNN, *The Guardian*, *Foreign Policy*, *The New York Times*, NPR, *TIME*, *The Washington Post*, *WIRED* und *The Wall Street Journal*. Er hielt Vorträge an Universitäten vom MIT bis Stanford, informierte das Europäische Parlament und das US-Außenministerium und ist Dozent an der Singularity University sowie Berater von Blockchain Capital, einem führenden Venture-Unternehmen in der Fintech-Branche.

Er spricht und schreibt häufig darüber, warum Bitcoin für die Freiheit wichtig ist, ist Mitautor von *The Little Bitcoin Book* von 2019, Autor von *Check Your Financial Privilege* (2022) und schreibt regelmäßig für das *Bitcoin-Magazine*.

Quellenverzeichnis

1 Mc Clean, Denis: What's changed since the 1970 Great Bhola Cyclone, in: preventionweb, 12. November 2020, https://www.preventionweb.net/blog/whats-changed-1970-great-bhola-cyclone

2 o. V.: 1970 Bhola cyclone, in: Wikipedia, o. D., https://en.wikipedia.org/wiki/1970_Bhola_cyclone

3 Lee, Phipson; Wong, Ching Long/ und Mun, Reina: Bangladesh, in: FloodWorld, o. D., https://water104website.weebly.com/bangladesh-flooding-and-impacts.html

4 McDonnell, Tim: Climate change creates a new migration crisis for Bangladesh, in: National Geographic, 24. Januar 2019, https://www.nationalgeographic.com/environment/article/climate-change-drives-migration-crisis-in-bangladesh-from-dhaka-sundabans

5 o. V.: Fishy Currency - How International Finance Institutions Fund Shrimp Farms, in: Public Citizen, o. D., http://madadoc.irenala.edu.mg/documents/9353_Shrimp%20report-WorldBank.pdf

6 o. V.: Bangladesh: History of Lending Commitments as of November 30, 2013, in: International Monetary Fund, 30. November 2013, https://www.imf.org/external/np/fin/tad/extarr2.aspx?memberKey1=55&date1key=2013-11-30

7 o. V.: Injustice in Bangladesh's Shrimp Farming Industry, in: Pucci Foods, 03. Februar 2014, https://puccifoods.com/hidden-human-cost-part-1-abuse-injustice-bangladesh-shrimp-farming-industry/

8 o. V.: Fishy Currency – How International Finance Institutions Fund Shrimp Farms, in: Public Citizen, o. D., http://madadoc.irenala.edu.mg/documents/9353_Shrimp%20report-WorldBank.pdf

9 o. V.: The Sundarbans, in: Unesco, o. D., https://whc.unesco.org/en/list/798/

10 o. V.: Bangladesh: losing mangroves to shrimp farming leads to food loss and environmental insecurity, in: World Rainforest Movement Bulletin 144, 30. Juli 2009, https://www.wrm.org.uy/bulletin-articles/bangladesh-losing-mangroves-to-shrimp-farming-leads-to-food-loss-and-environmental-insecurity

11 Thornton, Coralie; Trent, Steve und Williams, Juliette: Desert in the Delta: A report on the environmental, human rights and social impacts of shrimp production in Bangladesh, in: Environmental Justice Foundation, 2004, https://ejfoundation.org/resources/downloads/desert_in_the_delta.pdf

12 Masum, S. Jahangir Hasan: Working Together for Responsible & Eco-friendly Shrimp Farming In Bangladesh, in: Coastal Development Partnership (CDP), Dezember 2008, https://www.cdpbd.org/images/files/Working%20together%20for%20eco-friendly%20responsible%20shrimp%20farming.pdf

13 Ahmed, N. und Diana, J. S.: Threatening „white gold": Impacts of climate change on shrimp farming in coastal Bangladesh, in: Ocean and Coastal Management Volume 114, 2015, https://aquafishcrsp.oregonstate.edu/biblio/threatening-white-gold-impacts-climate-change-shrimp-farming-coastal-bangladesh

14 Masum, S. Jahangir Hasan: Working Together for Responsible & Eco-friendly Shrimp Farming In Bangladesh, in: Coastal Development Partnership (CDP), Dezember 2008, https://www.cdpbd.org/images/files/Working%20together%20for%20eco-friendly%20responsible%20shrimp%20farming.pdf

15 Bhalla, Nita: Bangladeshis exploited so West can eat cheap shrimp - report, in: Reuters, 21. Januar 2014, https://www.reuters.com/article/bangladesh-shrimp/bangladeshis-exploited-so-west-can-eat-cheap-shrimp-report-idINDEEA0K0EH20140121

16 Masum, S. Jahangir Hasan: Working Together for Responsible & Eco-friendly Shrimp Farming In Bangladesh, in: Coastal Development Partnership (CDP), Dezember 2008, https://www.cdpbd.org/images/files/Working%20together%20for%20eco-friendly%20responsible%20shrimp%20farming.pdf

17 Thornton, Coralie; Trent, Steve und Williams, Juliette: Desert in the Delta: A report on the environmental, human rights and social impacts of shrimp production in Bangladesh, in: Environmental Justice Foundation, 2004, https://ejfoundation.org/resources/downloads/desert_in_the_delta.pdf

18 Alam, S. M. Nazmul; Pokrant, Bob; Yakupitiyage, Amararatne und Phillips, Michael: Economic returns of disease extensive shrimp farming in southwest Bangladesh, in: ResearchGate, Oktober 2007, https://www.researchgate.net/publication/225513242_Economic_returns_of_disease_extensive_shrimp_farming_in_southwest_Bangladesh

19 Thornton, Coralie; Trent, Steve und Williams, Juliette: Desert in the Delta: A report on the environmental, human rights and social impacts of shrimp production in Bangladesh,
in: Environmental Justice Foundation, 2004, https://ejfoundation.org/resources/downloads/desert_in_the_delta.pdf

20 Siddique, Abu: How Bangladesh's shrimp industry is driving a freshwater crisis, in: The Third Pole, 19. November 2021, https://www.thethirdpole.net/en/livelihoods/bangladeshs-shrimp-industry-drives-freshwater-crisis/

21 o. V.: Mangrove Forests Save Lives In Storms, Study Of 1999 Super Cyclone Finds, in: Science Daily, 21. April 2009, https://www.sciencedaily.com/releases/2009/04/090414172924.htm

22 o. V.: Helping Bangladesh Protect its Coastal Communities from Tidal Flooding and Storm Surges, in: The World Bank, 31. August 2022, https://www.worldbank.org/en/results/2022/08/24/helping-bangladish-protect-its-coastal-communities-from-tidal-flooding-and-storm-surges

23 o. V.: World Bank's Destructive Policies About Shrimp Farming Endanger Communities in Developing Countries, in: Public Citizen, 18. April 2005, https://www.citizen.org/article/world-banks-destructive-policies-about-shrimp-farming-endanger-communities-in-developing-countries/

24 o. V.: World Bank Support for the Development of Morocco's Blue Economy, in: The World Bank, 23. Mai 2022, https://www.worldbank.org/en/news/press-release/2022/05/23/world-bank-support-for-the-development-of-morocco-s-blue-economy

25 Sharma, Chandrika: Multilateral Development Assistance in Advancing Shrimp Farming, in: DPH, Januar 1998, https://base.d-p-h.info/en/fiches/premierdph/fiche-premierdph-4016.html

26 o. V.: The World Bank In Bangladesh, in: The World Bank, 04. Oktober 2023, https://www.worldbank.org/en/country/bangladesh/overview

27 o. V.: Bangladesh: History of Lending Commitments as of November 30, 2013, in: International Monetary Fund, 30. November 2013, https://www.imf.org/external/np/fin/tad/extarr2.aspx?memberKey1=55&date1key=2013-11-30

28 o. V.: Bangladesh External Debt 1972-2024, in: Macro Trends, o. D., https://www.macrotrends.net/countries/BGD/bangladesh/external-debt-stock

29 o. V.: Bangladesh External Debt, in: CEIC, o. D., https://www.ceicdata.com/en/indicator/bangladesh/external-debt

30 o. V.: IMF Staff Reaches Staff-Level Agreement with Bangladesh on the Extended Credit Facility/Extended Fund Facility and the Resilience and Sustainability Facility, in: International Monetary Fund, 9. November 2022, https://www.imf.org/en/News/Articles/2022/11/08/pr22375-bangladesh
31 Bowles, Ian A. und Kormos, Cyril F.: The American Campaign for Environmental Reforms at the World Bank, in: The Fletcher Forum of World Affairs Journal, 1999, https://www.belfercenter.org/sites/default/files/legacy/files/the_american_campaign_for_environmental_reforms_at_the_world_bank.pdf
32 o. V.: International Bank For Reconstruction And Development, in: The World Bank, o. D., https://www.worldbank.org/en/who-we-are/ibrd
33 o. V.: 1965 Annual Report, in: International Monetary Fund, 30. April 1965, https://www.imf.org/external/pubs/ft/ar/archive/pdf/ar1965.pdf
34 o. V.: Bretton Woods and the Birth of the World Bank, in: The World Bank, o. D., https://www.worldbank.org/en/archive/history/exhibits/Bretton-Woods-and-the-Birth-of-the-World-Bank
35 o. V.: List of Members, in: International Monetary Fund, 30. August 2023, https://www.imf.org/external/np/sec/memdir/memdate.htm
36 o. V.: SDR Valuation, in: International Monetary Fund, o. D., https://www.imf.org/external/np/fin/data/rms_sdrv.aspx
37 Franck, Thomas: IMF says it's ready to mobilize its $1 trillion lending capacity to fight coronavirus, in: CNBC, 16. März 2020, https://www.cnbc.com/2020/03/16/imf-says-its-ready-to-mobilize-its-1-trillion-lending-capacity-to-fight-coronavirus.html
38 o. V.: The World Bank Group and the International Monetary Fund (IMF), in: The World Bank, 18. Januar 2019, https://www.worldbank.org/en/about/history/the-world-bank-group-and-the-imf
39 o. V.: Multilateral Investment Guarantee Agency (MIGA), in: The World Bank, o. D., https://inquiries.worldbank.org/knowledgebase/articles/931722-miga
40 Payer, Cheryl: World Bank: A Critical Analysis, in: Amazon, 01. Januar 1982, https://www.amazon.com/World-Bank-Critical-Analysis-Monthly/dp/085345602X
41 o. V.: Voting Powers, in: The World Bank, o. D., https://www.worldbank.org/en/about/leadership/votingpowers

42 o. V.: IMF Members' Quotas and Voting Power, and IMF Board of Governors, in: International Monetary Fund, 19. Januar 2024, https://www.imf.org/en/About/executive-board/members-quotas
43 Copelovitch, Mark S.: The International Monetary Fund in the Global Economy: Banks, Bonds, and Bailouts, in: Amazon, 26. Juli 2010, https://www.amazon.com/International-Monetary-Fund-Global-Economy/dp/0521194334
44 o. V.: At a Glance: The IMF‘s Firepower, in: International Monetary Fund, 29. April 2021, https://www.imf.org/en/About/infographics/imf-firepower-lending
45 o. V.: World Bank Group Releases FY22 Audited Financial Statements, in: The World Bank, 8. August 2022, https://www.worldbank.org/en/news/press-release/2022/08/08/world-bank-group-releases-fy22-audited-financial-statements
46 o. V.: Behind the numbers: a dataset exploring key financing and fiscal policies in the IMF's COVID-19 loans, in: OXFAM International, o. D, https://www.oxfam.org/en/international-financial-institutions/imf-covid-19-financing-and-fiscal-tracker
47 o. V.: World Bank Group's $157 Billion Pandemic Surge Is Largest Crisis Response in Its History, in: The World Bank, 19. Juli 2021, https://www.worldbank.org/en/news/press-release/2021/07/19/world-bank-group-s-157-billion-pandemic-surge-is-largest-crisis-response-in-its-history
48 o. V.: The IMF's Response to COVID-19, in: International Monetary Fund, 08. April 2021, https://www.imf.org/en/About/FAQ/imf-response-to-covid-19
49 o. V.: Egypt: Bitter legacy of Rabaa massacre continues to haunt Egyptians, in: Amnesty International, 14. August 2019, https://www.amnesty.org/en/latest/press-release/2019/08/egypt-bitter-legacy-of-rabaa-massacre-continues-to-haunt-egyptians/
50 Al-Anani, Khalil: Egypt and the IMF: Greater Foreign Debt and Deeper Economic Decline, in: Arab Center Washington DC, 17. November 2022, https://arabcenterdc.org/resource/egypt-and-the-imf-greater-foreign-debt-and-deeper-economic-decline/
51 o. V.: Ethiopia, World Bank agree $300 million grant for reconstruction, in: Reuters, 17. Mai 2022, https://www.reuters.com/world/africa/ethiopia-world-bank-sign-300-mln-grant-agreement-reconstruction-2022-05-17/

52 Volodzko, David: There's Genocide in Tigray, but Nobody's Talking About it, in: The Nation, 10. Mai 2022,https://www.thenation.com/article/world/genocide-in-tigray/
53 Hancock, Graham: Händler der Armut: Wohin verschwinden unsere Entwicklungsmilliarden? München: Droemer Knaur, 1989, https://www.amazon.de/H%C3%A4ndler-Armut-verschwinden-unsere-Entwicklungsmilliarden/dp/3426264498
54 Payer, Cheryl: Lent and Lost: Foreign Credit and Third World Development, in: Amazon, 01. Januar 1991, https://www.amazon.com/Lent-Lost-Foreign-Credit-Development/dp/0862329531
55 o. V.: World Population by Year, in: Worldometer, o. D., https://www.worldometers.info/world-population/world-population-by-year
56 o. V.: Projects By Country / Area, in: The World Bank, o. D., https://projects.worldbank.org/en/projects-operations/project-country?lang=en&page=
57 o. V: IMF reaches preliminary deal on $2.9bn Sri Lanka bailout, in: Financial Times, 01. September 2022, https://www.ft.com/content/eab481e5-9841-43a5-a072-f09124e7167d
58 Dulaney, Chelsey: Ghana Plans Debt Exchange as Economic Crisis Mounts, in: The Wallstreet Journal, 24. November 2022, https://www.wsj.com/livecoverage/stock-market-news-today-11-23-2022/card/ghana-plans-debt-exchange-as-economic-crisis-mounts-HCIOCltDEPELXPNx7E7u
59 Jafarey, V. A.: 5 Structural Adjustment and the Role of the IMF, in: International Monetary Fund eLibary, o. D., https://www.elibrary.imf.org/display/book/9781557753021/ch05.xml?language=en
60 o. V.: Autorenwebsite von Cheryl Payer, in: Amazon, o. D., https://www.amazon.com/Cheryl-Payer/e/B001KIKTLQ%3Fref=dbs_a_mng_rwt_scns_share
61 Payer, Cheryl: The Debt Trap: The International Monetary Fund and the Third World,in: Amazon, 01. Januar 1975, https://www.amazon.com/Debt-Trap-International-Monetary-Monthly/dp/0853453764
62 CFR.org Editors: What Is the IMF?, in: Council on Foreign Relations, https://www.cfr.org/backgrounder/imf-worlds-controversial-financial-firefighter?amp
63 Abouharb, M. Rodwan und Cingranelli, David: Human Rights and Structural Adjustment, in: Cambridge University Press, 2007, https://www.cambridge.org/core/books/human-rights-and-structural-adjustment/8FDF11EE5647374B8F9FD50A18570AD3

64 Payer, Cheryl: The Debt Trap: The International Monetary Fund and the Third World, in: Amazon, 01. Januar 1975, https://www.amazon.com/Debt-Trap-International-Monetary-Monthly/dp/0853453764
65 Payer, Cheryl: The Debt Trap: The International Monetary Fund and the Third World, in: Amazon, 01. Januar 1975, https://www.amazon.com/Debt-Trap-International-Monetary-Monthly/dp/0853453764
66 Payer, Cheryl: World Bank: A Critical Analysis, in: Amazon, 01. Januar 1982, https://www.amazon.com/World-Bank-Critical-Analysis-Monthly/dp/085345602X
67 o. V.: Washington Consensus, in: Wikipedia, o. D., https://en.wikipedia.org/wiki/Washington_Consensus
68 Gladstein, Alex: Fighting Monetary Colonialism With Open-Source Code, in: Bitcoin Magazine, 25. April 2023, https://bitcoinmagazine.com/culture/bitcoin-a-currency-of-decolonization
Deutsche Übersetzung: Monetären Kolonialismus mit Open-Source-Code bekämpfen, https://aprycot.media/blog/kolonialismus-und-bitcoin/ erschienen im Aprycot Verlag
69 Noble, Kenneth B.: French Devaluation Of African Currency Brings Wide Unrest,in: The New York Times, 23. Februar 1994, https://www.nytimes.com/1994/02/23/world/french-devaluation-of-african-currency-brings-wide-unrest.html
70 o. V.: Fabric of Reform CoverThe Fabric of Reform – An IMF Video, in: International Monetary Fund, o. D., https://www.imf.org/external/pubs/ft/fabric/backgrnd.htm
71 Copelovitch, Mark S.: The International Monetary Fund in the Global Economy: Banks, Bonds, and Bailouts, in: Amazon, 26. Juli 2010, https://www.amazon.com/International-Monetary-Fund-Global-Economy/dp/0521194334
72 Copelovitch, Mark S.: The International Monetary Fund in the Global Economy: Banks, Bonds, and Bailouts, in: Amazon, 26. Juli 2010, https://www.amazon.com/International-Monetary-Fund-Global-Economy/dp/0521194334
73 Yukhananov, Anna: IMF loan conditions grow despite vows to limit them: study, in: Reuters, 02. April 2014, https://www.reuters.com/article/us-imf-conditions/imf-loan-conditions-grow-despite-vows-to-limit-them-study-idUSBREA311SZ20140402

74 Yukhananov, Anna: IMF loan conditions grow despite vows to limit them: study, in: Reuters, 02. April 2014, https://www.reuters.com/article/us-imf-conditions/imf-loan-conditions-grow-despite-vows-to-limit-them-study-idUSBREA311SZ20140402

75 o. V.: Explore History, in: The World Bank, o. D., https://www.worldbank.org/en/archive/history

76 Hickel, Jason; Sullivan, Dylan und Zoomkawala, Huzaifa: Plunder in the Post-Colonial Era: Quantifying Drain from the Global South Through Unequal Exchange, 1960–2018, in: Taylor and Francis Online, 30. März 2021, https://www.tandfonline.com/doi/abs/10.1080/13563467.2021.1899153

77 Toussaint, Eric/Millet, Damien: Debt, the IMF, and the World Bank: Sixty Questions, Sixty Answers, in: Amazon, 01. September 2010, https://www.amazon.com/Debt-IMF-World-Bank-Questions/dp/1583672222

78 Hickel, Jason: Aid in reverse: how poor countries develop rich countries, in: The Guardian, 14. Januar 2017, https://amp.theguardian.com/global-development-professionals-network/2017/jan/14/aid-in-reverse-how-poor-countries-develop-rich-countries

79 Hickel, Jason: Aid in reverse: how poor countries develop rich countries, in: The Guardian, 14. Januar 2017, https://amp.theguardian.com/global-development-professionals-network/2017/jan/14/aid-in-reverse-how-poor-countries-develop-rich-countries

80 Hickel, Jason; Sullivan, Dylan und Zoomkawala, Huzaifa: Plunder in the Post-Colonial Era: Quantifying Drain from the Global South Through Unequal Exchange, 1960–2018, in: Taylor and Francis Online, 30. März 2021, https://www.tandfonline.com/doi/full/10.1080/13563467.2021.1899153

81 Hickel, Jason; Sullivan, Dylan und Zoomkawala, Huzaifa: Plunder in the Post-Colonial Era: Quantifying Drain from the Global South Through Unequal Exchange, 1960–2018, in: Taylor and Francis Online, 30. März 2021, https://www.tandfonline.com/doi/full/10.1080/13563467.2021.1899153

82 o. V.: Low-Income Country Debt Rises to Record $860 Billion in 2020, in: The World Bank, 11. Oktober 2021, https://www.worldbank.org/en/news/press-release/2021/10/11/low-income-country-debt-rises-to-record-860-billion-in-2020

83 Hickel, Jason: Aid in reverse: how poor countries develop rich countries, in: The Guardian, 14. Januar 2017, https://amp.theguardian.com/global-development-professionals-network/2017/jan/14/aid-in-reverse-how-poor-countries-develop-rich-countries

84 Clowes, William: Debt Payments Consume 80% of Nigeria's Revenue Collection, in: Bloomberg, 05. Januar 2023, https://www.bloomberg.com/news/articles/2023-01-05/debt-payments-consume-80-of-nigeria-s-revenue-collection

85 Payer, Cheryl: The Debt Trap: The International Monetary Fund and the Third World, in: Amazon, 01. Januar 1975, https://www.amazon.com/Debt-Trap-International-Monetary-Monthly/dp/0853453764

86 Hickel, Jason; Sullivan, Dylan und Zoomkawala, Huzaifa: Plunder in the Post-Colonial Era: Quantifying Drain from the Global South Through Unequal Exchange, 1960–2018, in: Taylor and Francis Online, 30. März 2021, https://www.tandfonline.com/doi/full/10.1080/13563467.2021.1899153

87 Hickel, Jason; Sullivan, Dylan und Zoomkawala, Huzaifa: Plunder in the Post-Colonial Era: Quantifying Drain from the Global South Through Unequal Exchange, 1960–2018, in: Taylor and Francis Online, 30. März 2021, https://www.tandfonline.com/doi/full/10.1080/13563467.2021.1899153

88 Kvangraven, Ingrid Harvold: Beyond Eurocentrism, in: Aeon, 15. April 2022, https://aeon.co/essays/if-you-want-decolonisation-go-to-the-economics-of-samir-amin

89 Hickel, Jason; Sullivan, Dylan und Zoomkawala, Huzaifa: Plunder in the Post-Colonial Era: Quantifying Drain from the Global South Through Unequal Exchange, 1960–2018, in: Taylor and Francis Online, 30. März 2021, https://www.tandfonline.com/doi/full/10.1080/13563467.2021.1899153

90 Maizels, Alfred: Commodities in Crisis, in: World Institute for Development Economics Research (WIDER) of the United Nations University, 1992, https://www.wider.unu.edu/sites/default/files/Publications/Book/Book-commodites-crisis.pdf

91 Danaher, Kevin: 50 Years is Enough: The Case Against the World Bank and the International Monetary Fund, in: South End Press, 1994, https://books.google.com/books/about/50_Years_is_Enough.html?id=XK6Egbw4-PcC

92 Hickel, Jason; Sullivan, Dylan und Zoomkawala, Huzaifa: Plunder in the Post-Colonial Era: Quantifying Drain from the Global South Through Unequal Exchange, 1960–2018, in: Taylor and Francis Online, 30. März 2021, https://www.tandfonline.com/doi/full/10.1080/13563467.2021.1899153

93 o. V.: Announcement of loan granted to Southern-Rhodesia on February 27 1952, in: The World Bank, 27. Februar 1952, https://documents1.worldbank.org/curated/en/240201586262870698/pdf/Announcement-of-Loan-Granted-to-Southern-Rhodesia-on-February-27-1952.pdf

94 o. V.: El Salvador: History of Lending Commitments as of April 30, 2017, in: International Monetary Fund, 30. April 2017, https://www.imf.org/external/np/fin/tad/extarr2.aspx?memberKey1=280&date1key=2017-04-30

95 Danner, Mark: The truth of el Mozote, in: The New Yorker, 28. November 1993, https://www.newyorker.com/magazine/1993/12/06/the-truth-of-el-mozote

96 Chavkin, Sasha: Leaked report says World Bank violated own rules in Ethiopia, in: Center for Public Integrity, 20. Januar 2015, https://publicintegrity.org/accountability/leaked-report-says-world-bank-violated-own-rules-in-ethiopia/

97 Chavkin, Sasha: Rights Denied: New Evidence Ties World Bank To Human Rights Abuses In Ethiopia, in: The Huffington Post, 15. April 2015, https://projects.huffingtonpost.com/projects/worldbank-evicted-abandoned/new-evidence-ties-worldbank-to-human-rights-abuses-ethiopia

98 o. V.: Congo, Democratic Republic of: History of Lending Commitments as of June 30, 2002, in: International Monetary Fund, 30. Juni 2002, https://www.imf.org/external/np/fin/tad/extarr2.aspx?memberKey1=197&date1key=2002-06-30

99 Ndikumana, Leonce und Boyce, James K.: Congo‘s Odious Debt: External Borrowing and Capital Flight in Zaire, in: Political Economy Research Institute of University of Massachusetts, 2000, https://peri.umass.edu/images/Congo_s_Odious_Debts.pdf

100 Dahlburg, John-Thor: Nation Suffered as Dictator Drained Riches, in: Los Angeles Times, 17. Mai 1997, https://www.latimes.com/archives/la-xpm-1997-05-17-mn-59626-story.html

101 Kremer, Michael und Jayachandran Seema: Odious Debt, in: Brookings, 15. Juli 2002, https://www.brookings.edu/research/odious-debt/

102 Kremer, Michael/Jayachandran Seema: Odious Debt, in: International Monetary Fund, Juni 2002, https://www.imf.org/external/pubs/ft/fandd/2002/06/kremer.htm

103 Sankara, Thomas: A United Front Against Debt, in: A United Front Against Debt, 29 Juli 1987, https://www.marxists.org/archive/sankara/1987/july/29.htm

104 Obadare, Ebenezer: What the Sankara Assassination Trial Means for West Africa, in: Council on Foreign Relations, 9. März 2022, https://www.cfr.org/article/what-sankara-assassination-trial-means-west-africa

105 o. V.: Burkina Faso: History of Lending Commitments as of June 30, 2002, in: International Monetary Fund, o. D., https://www.imf.org/external/np/fin/tad/extarr2.aspx?memberKey1=95&date1key=2002-06-30

106 o. V.: Projects, in: The World Bank, o. D., https://projects.worldbank.org/en/projects-operations/projects-list?lang=en&countrycode_exact=BF&os=100&countryshortname_exact=Burkina%20Faso

107 Hinrichsen, Simon: Odious Debts, in: Phenomenal World, 30. Juli 2022, https://www.phenomenalworld.org/analysis/odious-debts/

108 Rosalsky, Greg: How ‚shock therapy' created Russian oligarchs and paved the path for Putin, in: NPR, 22. März 2022, https://www.npr.org/sections/money/2022/03/22/1087654279/how-shock-therapy-created-russian-oligarchs-and-paved-the-path-for-putin

109 Cohen, Ariel: Russia's Meltdown: Anatomy of the IMF Failure, in: The Heritage Foundation, 23. Oktober 1998, https://www.heritage.org/europe/report/russias-meltdown-anatomy-the-imf-failure

110 o. V.: Deauville Partnership with Arab Countries in Transition, in: STAR The World Bank UNODC, o. D., https://star.worldbank.org/deauville-partnership-arab-countries-transition

111 Chandoul, Jihen: The IMF has choked Tunisia. No wonder the people are protesting, in: The Guardian, 17. Januar 2018, https://www.theguardian.com/commentisfree/2018/jan/17/imf-tunisia-people-rioting-2011-economic-reforms

112 Louati, Imen und Rouine, Chafik Ben: FMI: Impact of Tunisia's Currency Devaluation, in: Tunisian Observatory of the Economy, 20. August 2021, http://www.economie-tunisie.org/sites/default/files/fmi_impact_of_tunisias_currency_devaluation_en.pdf

113 o. V.: Wheat, in: Trading Economics, o. D., https://tradingeconomics.com/commodity/wheat

114 Shahzad, Asif: Pakistan, IMF begin talks on $7 bln loan review, in: Reuters, 28. November 2022, https://www.reuters.com/markets/asia/Pakistan-imf-begin-talks-7-bln-loan-review-2022-11-28/

115 o. V.: IMF Staff Reaches Staff-Level Agreement on an Extended Fund Facility Arrangement with Sri Lanka, in: International Monetary Fund, 1. September 2022, https://www.imf.org/en/News/Articles/2022/09/01/pr22295-imf-reaches-staff-level-agreement-on-an-extended-fund-facility-arrangement-with-sri-lanka

116 o. V.: Egypt: IMF Reaches Staff-Level Agreement on an Extended Fund Facility Arrangement, in: International Monetary Fund, 27. Oktober 2022, https://www.imf.org/en/News/Articles/2022/10/26/pr22363-egypt-imf-reaches-staff-level-agreement-on-an-extended-fund-facility-arrangement
117 o. V.: IMF Staff Statement on Ghana, in: International Monetary Fund, 20. Oktober 2022, https://www.imf.org/en/News/Articles/2022/10/20/pr22363-imf-staff-statement-on-ghana
118 o. V.: IMF Staff Reaches Staff-Level Agreement with Bangladesh on the Extended Credit Facility/Extended Fund Facility and the Resilience and Sustainability Facility, in: International Monetary Fund, 09. November 2022, https://www.imf.org/en/News/Articles/2022/11/08/pr22375-bangladesh
119 Payer, Cheryl: World Bank: A Critical Analysis, in: Amazon, 01. Januar 1982, https://www.amazon.com/World-Bank-Critical-Analysis-Monthly/dp/085345602X
120 George, Susan: Sie sterben an unserem Geld. Hamburg: Rowohlt, 1990, https://www.amazon.de/sterben-unserem-Geld-Susan-George/dp/3499123169/
121 Branford, Sue und Kucinski, Bernando: The Debt Squads: The US, the Banks and Latin America, in: Amazon, 15. Mai 1988, https://www.amazon.com/Debt-Squads-Banks-Latin-America/dp/0862327911
122 o. V.: Niger Exports, in: Trading Economics, o. D., https://tradingeconomics.com/niger/exports
123 o. V.: Mali Exports, in: Trading Economics, o. D., https://tradingeconomics.com/mali/exports
124 o. V.: Zambia Exports, in: Trading Economics, o. D., https://tradingeconomics.com/zambia/exports
125 o. V.: Burundi Exports, in: Trading Economics, o. D., https://tradingeconomics.com/burundi/exports
126 o. V.: Malawi Exports, in: Trading Economics, o. D., https://tradingeconomics.com/malawi/exports
127 o. V.: Togo Exports, in: Trading Economics, o. D., https://tradingeconomics.com/togo/exports
128 Toussaint, Eric und Millet, Damien: Debt, the IMF, and the World Bank: Sixty Questions, Sixty Answers, in: Amazon, 01. September 2010, https://www.amazon.com/Debt-IMF-World-Bank-Questions/dp/1583672222

129 Payer, Cheryl: World Bank: A Critical Analysis, in: Amazon, 01. Januar 1982, https://www.amazon.com/World-Bank-Critical-Analysis-Monthly/dp/085345602X
130 o. V.: Norman Borlaug – Biographical, in: The Nobel Prize, o. D., https://www.nobelprize.org/prizes/peace/1970/borlaug/biographical/
131 Akiwumi, Paul: COVID-19: A threat to food security in Africa, in: UNCTAD, 11. August 2020, https://unctad.org/news/covid-19-threat-food-security-africa
132 Fox, Louise und Jayne, Thomas S.: Unpacking the misconceptions about Africa's food imports, in: Brookings, 14. Dezember 2020, https://www.brookings.edu/blog/africa-in-focus/2020/12/14/unpacking-the-misconceptions-about-africas-food-imports/
133 o. V.: 1985 Mexico City earthquake, in: Wikipedia, o. D., https://en.wikipedia.org/wiki/1985_Mexico_City_earthquake
134 o. V: Modernization Game (Artikel nicht mehr verfügbar), in: New Internationalist, o. D, https://newint.org/features/1979/11/01/modernisation-game
135 o. V.: Patrice Talon, in: Wikipedia, o. D., https://en.wikipedia.org/wiki/Patrice_Talon
136 Coggins, Ross: The Development Set, in: The Shores System, o. D., http://shores-system.mysite.com/development_set.html
137 Wood, Robert W.: IMF's Christine Lagarde: I Don't Pay Taxes, But You Should, in: Forbes, 30. Mai 2012, https://www.forbes.com/sites/robertwood/2012/05/30/imfs-christine-lagarde-i-dont-pay-taxes-but-you-should/?sh=1dad4c877cbd
138 Toussaint, Eric und Millet, Damien: Debt, the IMF, and the World Bank: Sixty Questions, Sixty Answers, in: Amazon, 01. September 2010, https://www.amazon.com/Debt-IMF-World-Bank-Questions/dp/1583672222
139 Stiglitz, Joseph E.: Globalization and Its Discontents, in: Amazon, 17. April 2003, https://www.amazon.com/Globalization-Its-Discontents-Norton-Paperback/dp/0393324397
140 o. V.: Robert S. McNamara, in: The World Bank, o. D, https://www.worldbank.org/en/archive/history/past-presidents/robert-strange-mcnamara
141 Becker, Elizabeth: The Secrets and Lies of the Vietnam War, Exposed in One Epic Document, in: The New York Times, 09. Juni 2021, https://www.nytimes.com/2021/06/09/us/pentagon-papers-vietnam-war.html

142 De Vries, Margaret Garritsen: Balance of Payments Adjustment, 1945 to 1986: The IMF Experience, in: International Monetary Fund, 15. März 1987, https://www.imf.org/en/Publications/Books/Issues/2016/12/30/Balance-of-Payments-Adjustment-1945-to-1986-The-IMF-Experience-21
143 Payer, Cheryl: Lent and Lost: Foreign Credit and Third World Development, in: Amazon, 01. Januar 1991, https://www.amazon.com/Lent-Lost-Foreign-Credit-Development/dp/0862329531
144 o. V.: Inga dams, in: Wikipedia, o. D., https://en.wikipedia.org/wiki/Inga_dams
145 Martin, J. Paul: Chad Oil and Pipeline Project, in: Columbia University, o. D., http://www.columbia.edu/itc/sipa/martin/chad-cam/overview.html
146 o. V.: Investing in the Future of Papua & West Papua, in: The World Bank, Oktober 2009, https://openknowledge.worldbank.org/bitstream/handle/10986/3118/AAA420ESW0WHIT110papureport1english.pdf?sequence=1&isAllowed=y
147 o. V.: WILDLIFE – CORALS, in: WCS Papua New Guinea, o. D., https://png.wcs.org/Wildlife/Corals.aspx
148 o. V.: Indonesian National Revolution, in: Wikipedia, o. D., https://en.wikipedia.org/wiki/Indonesian_National_Revolution
149 Bell, Ian; Feith, Herb und Hatley, Ron: The West Papuan Challenge to Indonesian Authority in Irian Jaya: Old Problems, New Possiblities, in: JSTOR, 1986, https://www.jstor.org/stable/2644481
150 Fearnside, Philip M.: Transmigration in Indonesia: Lessons from Its Environmental and Social Impacts, in: Springer Link, Juli 1997, https://link.springer.com/article/10.1007/s002679900049
151 Taylor, N. A. J.: West Papua: A history of exploitation, in: Al Jazeera, 19. Oktober 2011, https://www.aljazeera.com/opinions/2011/10/19/west-papua-a-history-of-exploitation
152 Parrott, Lindesay: Dutch To Explore New Guinea Area, in: The New York Times, 06. März 1959, http://wpik.org/Src/NYT/19590306newExplor.pdf
153 Perlez, Jane und Bonner, Raymond: Below a Mountain of Wealth, a River of Waste, in: The New York Times, 27. Dezember 2005, https://www.nytimes.com/2005/12/27/world/asia/below-a-mountain-of-wealth-a-river-of-waste.html
154 o. V.: Lorentz National Park, in: Wikipedia, o. D., https://en.wikipedia.org/wiki/Lorentz_National_Park

155 Ekologi, Aksi und Rakyat, Emansipasi: PT Freeport Indonesia and its tail of violations in Papua: human, labour and environmental rights, in: Tapol, Dezember 2020, https://www.tapol.org/sites/default/files/sites/default/files/pdfs/PT_Freeport_Indo_tail_of_violations_in_Papua_Dec20.pdf

156 o. V.: (Artikel nicht mehr verfügbar), in: The World Bank, o. D., https://openknowledge.worldbank.org/bitstream/handle/10986/3118/AAA420ESW0WHIT110papureport1english.pdf?sequence=1&isAllowed=y

157 o. V.: Indigeneous people of West Papua resist World Bank supported settler colonialism, in: Nadir, 16. August 2000, https://www.nadir.org/nadir/initiativ/agp/free/imf/asia/papua.htm

158 Fearnside, Philip M.: Transmigration in Indonesia: Lessons from Its Environmental and Social Impacts, in: Springer Link, Juli 1997, https://link.springer.com/article/10.1007/s002679900049

159 o. V.: West Papua 2021 Freedom of Expression and Freedom of Assembly Full Report, in: Tapol, 21. Oktober 2022, https://www.tapol.org/publications/west-papua-2021-freedom-expression-and-freedom-assembly-full-report (Link zur Website im Vergleich zum amerikanischen Original geändert)

160 o. V.: Indonesia: Proposed gold mine is ‚recipe for disaster' amid repression of Indigenous Papuans, in: Amnesty International, 21. März 2022, https://www.amnesty.org/en/latest/news/2022/03/indonesia-gold-mine-papua/

161 o. V.: Project Completion Report Indonesia – Transmigration V Project, in: The World Bank, 08. September 1994, https://documents1.worldbank.org/curated/en/451151468269127930/text/multi-page.txt

162 Fearnside, Philip M.: Transmigration in Indonesia: Lessons from Its Environmental and Social Impacts, in: Springer Link, Juli 1997, https://link.springer.com/article/10.1007/s002679900049

163 Schulman, Susan: The $100bn gold mine and the West Papuans who say they are counting the cost, in: The Guardian, 02. November 2016, https://www.theguardian.com/global-development/2016/nov/02/100-bn-dollar-gold-mine-west-papuans-say-they-are-counting-the-cost-indonesia

164 Fearnside, Philip M.: Transmigration in Indonesia: Lessons from Its Environmental and Social Impacts, in: Springer Link, Juli 1997, https://link.springer.com/article/10.1007/s002679900049

165 o. V.: (Artikel nicht mehr verfügbar), in: The World Bank, o. D., http://web.worldbank.org/archive/website00903F/WEB/PDF/PR121101.PDF

166 Friedmann, Lisa: How the World Bank Let ‚Deal Making' Torch the Rainforests, in: The New York Times, 19. August 2009, https://archive.nytimes.com/www.nytimes.com/cwire/2009/08/19/19climatewire-how-the-world-bank-let-deal-making-torch-the-33255.html
167 o. V.: Development Objective, in: The World Bank, o. D., https://projects.worldbank.org/en/projects-operations/project-detail/P040578
168 Reinhart, Carmen M. und Trebesch, Christoph: The International Monetary Fund: 70 Years of Reinvention, in: National Bureau Of Economic Research, 2015, https://www.nber.org/system/files/working_papers/w21805/w21805.pdf
169 De Vries, Margaret Garritsen: Balance of Payments Adjustment, 1945 to 1986: The IMF Experience, in: International Monetary Fund, 15. März 1987, https://www.imf.org/en/Publications/Books/Issues/2016/12/30/Balance-of-Payments-Adjustment-1945-to-1986-The-IMF-Experience-21
170 Copelovitch, Mark S.: The International Monetary Fund in the Global Economy: Banks, Bonds, and Bailouts, in: Amazon, 26. Juli 2010, https://www.amazon.com/International-Monetary-Fund-Global-Economy/dp/0521194334
171 George, Susan: A Fate Worse than Debt: The World Financial Crisis and the Poor, in: Transnational Institute, 01. März 1989, https://www.tni.org/en/article/a-fate-worse-than-debt-the-world-financial-crisis-and-the-poor
172 o. V.: Argentina: History of Lending Commitments as of August 31, 2019, in: International Monetary Fund, o. D., https://www.imf.org/external/np/fin/tad/extarr2.aspx?memberKey1=30&date1key=2019-08-31
173 Goñi, Uki: Argentina gets biggest loan in IMF's history at $57bn, in: The Guardian, 27. September 2018, https://www.theguardian.com/world/2018/sep/26/argentina-imf-biggest-loan
174 o. V.: International Health Care System Profiles – England, in: Commonwealth Fund, 5. 0Juni 2020, https://www.commonwealthfund.org/international-health-policy-center/countries/england
175 o. V.: Small and Mid-Sized Farmer Resources, in: U.S. Department of Agriculture, o. D., https://www.usda.gov/topics/farming/resources-small-and-mid-sized-farmers
176 De Vries, Margaret Garritsen: Balance of Payments Adjustment, 1945 to 1986: The IMF Experience, in: International Monetary Fund, 15. März 1987, https://www.imf.org/en/Publications/Books/Issues/2016/12/30/Balance-of-Payments-Adjustment-1945-to-1986-The-IMF-Experience-21

177 Lukauskas, Arvid: Handbook of Trade Policy for Development, in: Oxford Academic, Oktober 2013, https://academic.oup.com/book/26536/chapter-abstract/195055373?redirectedFrom=fulltext
178 o. V.: Interest Equalization Tax, in: Wikipedia, o. D., https://en.wikipedia.org/wiki/Interest_Equalization_Tax
179 o. V.: The Global Financial Crisis, in: Reserve Bank of Australia, o. D., https://www.rba.gov.au/education/resources/explainers/the-global-financial-crisis.html
180 o. V.: Recovery from the Asian Crisis and the Role of the IMF, in: International Monetary Fund, Juni 2000, https://www.imf.org/external/np/exr/ib/2000/062300.htm
181 Leonard, Jenny und Mohsin, Saleha: US Encourages UK to Dial Back Tax-Cut Plan, in: Bloomberg, 28. September 2022, https://www.bloomberg.com/news/articles/2022-09-28/us-treasury-is-alarmed-at-the-uk-economic-chaos-unleashed-by-liz-truss
182 o. V.: Gold and the IMF, in: International Monetary Fund, o. D., https://www.imf.org/en/About/Factsheets/Sheets/2022/Gold-in-the-IMF
183 o. V.: 1933 FDR takes United States off gold standard, in: History, o. D., https://www.history.com/this-day-in-history/fdr-takes-united-states-off-gold-standard
184 o. V.: Sharm el-Sheikh Climate Change Conference – November 2022, in: United Nations Climate Change, o. D., https://unfccc.int/cop27
185 Komireddi, Kapil: The story of Pakistan's improbable pursuit of nuclear weapons, in: The National, 24. November 2012, https://www.thenationalnews.com/arts-culture/books/the-story-of-pakistan-s-improbable-pursuit-of-nuclear-weapons-1.581758
186 Patti, Carlo: Brazil in the Global Nuclear Order, 1945–2018, in: Project Muse, 2021, https://muse.jhu.edu/pub/1/monograph/chapter/3049886/pdf
187 Shellenberger, Michael: Haiti Riots Triggered By IMF Advice To Cut Fuel Subsidies, in: Forbes, 22. September 2022, https://www.forbes.com/sites/michaelshellenberger/2022/09/22/haiti-riots-triggered-by-imf-advice-to-cut-fuel-subsidies/?sh=3cf8be9b5169
188 Philipose, Pamela: McNamara shoots from the hip, in: DowntoEarth, 30. Juni 1992, https://www.downtoearth.org.in/blog/mcnamara-shoots-from-the-hip-29861

189 o. V.: 16 Million And Counting: The Collateral Damage Of Capital, in: New Internationalist, 22. Dezember 2022, https://newint.org/features/2022/12/05/neoliberalism-16-million-and-counting-collateral-damage-capital
190 Sullivan, Dylan und Hickel, Jason: Capitalism and extreme poverty: A global analysis of real wages, human height, and mortality since the long 16th century, in: Science Direct, Januar 2023, https://www.sciencedirect.com/science/article/pii/S0305750X22002169
191 Shandra, Carrie L.; Shandra, John M. und London, Bruce: World Bank Structural Adjustment, Water, and Sanitation: A Cross-National Analysis of Child Mortality in Sub-Saharan Africa, in: Sage Journals, 20, Juli 2011, https://journals.sagepub.com/doi/abs/10.1177/1086026611413931?journalCode=oaec
192 Thomson, Michael; Kentikelenis, Alexander und Stubbs, Thomas: Structural adjustment programmes adversely affect vulnerable populations: a systematic-narrative review of their effect on child and maternal health, in: National Library of Medicine, 10. Juli 2017, https://www.ncbi.nlm.nih.gov/pmc/articles/PMC5810102/
193 Forster, Timon; Kentikelenis, Alexander E.; Stubbs, Thomas H. und King, Lawrence P.: Globalization and health equity: The impact of structural adjustment programs on developing countries, in: Science Direct, Dezember 2020, https://www.sciencedirect.com/science/article/pii/S0277953619304897
194 Nosrati, Elias; Marmot, Michael und KingLawrence P.: The effect of International Monetary Fund programmes on population health, in: medRvix, 2021, https://www.medrxiv.org/content/10.1101/2021.03.12.21253458v1.full
195 Arceo-Gómez, Eva Olimpia: Impact of Economic Crises on Mortality: The Case of Mexico, in: JSTOR, 2010, https://www.jstor.org/stable/25790017
196 Stubbs, Thomas; Kentikelenis, Alexandros; Gabor, Daniela; Ghosh, Jayati und McKee, Martin: The return of austerity imperils global health, in: BMJ Global Health, 2022, https://gh.bmj.com/content/bmjgh/8/2/e011620.full.pdf
197 o. V.: Debt Relief Under The Heavily Indebted Poor Countries (HIPC) Initiative, in: International Monetary Fund, o. D., https://www.imf.org/en/About/Factsheets/Sheets/2016/08/01/16/11/Debt-Relief-Under-the-Heavily-Indebted-Poor-Countries-Initiative
198 o. V.: When The World Bank Does More Harm Than Good, in: NPR, 17. April 2015, https://www.npr.org/sections/goatsandsoda/2015/04/17/399816448/when-the-world-bank-does-more-harm-than-good

199 Reinhart, Carmen M. und Trebesch, Christoph: The International Monetary Fund: 70 Years of Reinvention, in: National Bureau Of Economic Research, 2015, https://www.nber.org/system/files/working_papers/w21805/w21805.pdf
200 Alderman, Liz: As Greece Ends a Decade of Bailouts, Problems Linger for Europe, in: The New York Times, 19. Juni 2018, https://www.nytimes.com/2018/06/19/business/economy/greece-europe-bailout.html
201 o. V.: What Is the IMF?, in: Council on Foreign Relations, 08. Dezember 2023, https://www.cfr.org/backgrounder/imf-worlds-controversial-financial-firefighter?amp
202 o. V.: World Bank Group's $157 Billion Pandemic Surge Is Largest Crisis Response in Its History, in: The World Bank, 19. Juli 2021, https://www.worldbank.org/en/news/press-release/2021/07/19/world-bank-group-s-157-billion-pandemic-surge-is-largest-crisis-response-in-its-history
203 Kreye, Otto und Schubert, Alexander: Social Implications Of Third World Debt, in: JSTOR, 1987, https://www.jstor.org/stable/29790240
204 McBride, James; Berman, Noah und Chatzky, Andrew: China's Massive Belt and Road Initiative, in: Council on Foreign Relations, 02. Februar 2023, https://www.cfr.org/backgrounder/chinas-massive-belt-and-road-initiative
205 Chellaney, Brahma: China's Debt-Trap Diplomacy: World Bank, in: Devex, 23. Januar 2017, https://www.project-syndicate.org/commentary/china-one-belt-one-road-loans-debt-by-brahma-chellaney-2017-01
206 Gold, Shabtai: China is owed 37% of poor countries' debt payments in 2022: World Bank, in: Devex, 19. Januar 2022, https://www.devex.com/news/china-is-owed-37-of-poor-countries-debt-payments-in-2022-world-bank-102463
207 Morell, Michael und Parks, Brad: Intelligence Matters – The Aim and Impact of Chinese Foreign Development, in: Spotify, November 2022, https://open.spotify.com/episode/5Dq0ONxhBxuHS4e5nlbhAu?si=013bVmFgSD-qOXdVxvghQ&context=spotify:show:5REGIacamp72nJvZIUzn2q&nd=1
208 Sundquist, James: Bailouts From Beijing: How China Functions as an Alternative to the IMF, in: BU – Global Development Policy Center, 08. März 2021, https://www.bu.edu/gdp/2021/03/08/bailouts-from-beijing-how-china-functions-as-an-alternative-to-the-imf/
209 Olander, Eric: China-based Development Bank to Ramp Up Lending by $10 Billion a Year, in: China Global South Project, 31. Oktober 2021, https://chinaglobalsouth.com/2022/10/31/china-based-development-bank-to-ramp-up-lending-by-10-billion-a-year/

210 Morell, Michael und Parks, Brad: Intelligence Matters – The Aim and Impact of Chinese Foreign Development, in: Spotify, November 2022, https://open.spotify.com/episode/5Dq0ONxhBxuHS4e5nlbhAu?si=013bVmFgSD-qOXdVxvghQ&context=spotify:show:5REGIacamp72nJvZIUzn2q&nd=1

211 o. V.: China-led rare earth mining in Myanmar fuels rights abuses, pollution: report, in: Radio Free Asia, 09. August 2022, https://www.rfa.org/english/news/myanmar/rareearths-08092022183340.html

212 o. V.: China's scramble for Africa's rare earth elements, in: Observer Research Foundation, 01. September 2022, https://www.orfonline.org/expert-speak/chinas-scramble-for-africas-rare-earth-elements/

213 o. V.: Arusha Declaration, in: Wikipedia, o. D., https://en.wikipedia.org/wiki/Arusha_Declaration

214 Eich, Stefan: The Currency of Politics: The Political Theory of Money from Aristotle to Keynes, in: Princeton University Press, 2022, https://press.princeton.edu/books/hardcover/9780691191072/the-currency-of-politics

215 Graham, Yao: Ghana: the IMF's African success story?, in: Sage Journals, Januar 1988, https://journals.sagepub.com/doi/abs/10.1177/030639688802900303?journalCode=racb

216 o. V.: Net official development assistance received (current US$), in: The World Bank, o. D., https://data.worldbank.org/indicator/DT.ODA.ODAT.CD?locations=GH

217 o. V.: Ghana's Unions And Left Reject Bailout Talks With The IMF As Economic Crisis Spirals, in: The Real News Network, 20. Juli 2022, https://therealnews.com/ghanas-unions-and-left-reject-bailout-talks-with-the-imf-as-economic-crisis-spirals

218 Chinchalkar, Akshay: Cedi's Drop for Months Portends Deeper Losses for Ghana Currency, in: Bloomberg, 10. November 2022, https://www.bloomberg.com/news/articles/2022-11-10/cedi-s-drop-for-months-portends-deeper-losses-for-ghana-currency

219 Hersh, Seymour M.: C. I. A. Said to Have Aided Plotters Who Overthrew Nkrumah in Ghana, in: The New York Times, 09. Mai 1978, https://www.nytimes.com/1978/05/09/archives/cia-said-to-have-aided-plotters-who-overthrew-nkrumah-in-ghana.html

220 Wheatley, Jonathan: Ghana halts payments on large swaths of foreign debt, in: Financial Times, 19. Dezember 2022, https://www.ft.com/content/2cffb07c-828c-400d-a51a-2c52a00bb8e0
221 o. V.: Ghana External Debt 1970-2024, in: Macrotrends, o. D. https://www.macrotrends.net/countries/GHA/ghana/external-debt-stock
222 o. V.: Africa Bitcoin Conference, in: Afrobitcoin, 2022, https://www.afrobitcoin.org
223 Gladstein, Alex: Opening of Africa Bitoin Conference, in: Twitter, 05. Dezember 2022, https://twitter.com/gladstein/status/1599704740392501248
224 Gladstein, Alex: Speak of Bernard Parah, in: Twitter, 05. Dezember 2022, https://twitter.com/gladstein/status/1599708581439635459?s=20&t=VIvQ0QMfhVUTgLwinVBcsQ
225 o. V.: Dependency theory, in: Wikipedia, o. D., https://en.wikipedia.org/wiki/Dependency_theory
226 Amin, Samir: Accumulation on a World Scale: Thirty Years Later, in: Taylor and Francis Online, 05. Januar 2009, https://www.tandfonline.com/doi/abs/10.1080/08935698808657801?journalCode=rrmx20
227 Ferrington, Allen: This is not Capitalism, in: Medium, 22. März 2020, https://allenfarrington.medium.com/this-is-not-capitalism-5ed0a9d5dfa9
228 Engler, Andrés: Argentine Congress Approves IMF Debt Deal That Would Discourage Crypto Usage, in: Coindesk, 18. März 2022, https://www.coindesk.com/policy/2022/03/18/argentine-congress-approves-imf-debt-deal-that-would-discourage-crypto-usage/
229 Torrens, Claudia: IMF urges El Salvador to scale back its push for Bitcoin as legal tender, in: PBS, 28. Januar 2022, https://www.pbs.org/newshour/economy/imf-urges-el-salvador-to-scale-back-its-push-for-bitcoin-as-legal-tender